BIBLIOTHÈQUE
DE LA
JEUNESSE CHRÉTIENNE

APPROUVÉE

PAR Mgr L'ARCHEVÊQUE DE TOURS

2ᵉ SÉRIE IN-8º

PROPRIÉTÉ DES ÉDITEURS

LES ACTES
DES
MARTYRS D'ORIENT

Traduits pour la première fois en français

SUR LA TRADUCTION LATINE DES MANUSCRITS SYRIAQUES

DE ÉTIENNE-ÉVODE ASSÉMANI

PAR

M. L'ABBÉ F. LAGRANGE

—

NOUVELLE ÉDITION

TOURS

ALFRED MAME ET FILS, ÉDITEURS

—

M DCCC LXXI

INTRODUCTION

Les actes des martyrs d'Orient, dont nous publions la première traduction française, ont été complétement inconnus en Europe jusqu'au commencement du xviiie siècle, et ont encore aujourd'hui, du moins pour les simples fidèles, l'intérêt de la nouveauté. Les historiens grecs avaient, il est vrai, raconté avec détail les horribles persécutions qu'eut à subir, aux ive et ve siècles, l'Église de Perse; mais leurs récits, très-incomplets et quelquefois même inexacts, ne pouvaient pas remplacer les documents originaux auxquels ces historiens avaient puisé; et dom Ruinart, qui a inséré dans sa collection des *Actes sincères* des martyrs quelques beaux récits empruntés à Sozomène, déplore amèrement la perte de ces sources. Quelques années après que dom Ruinart exprimait ces regrets, en 1706, on apprit à Rome par un évêque d'Orient, Gabriel Héva, qu'il existait dans les monastères d'Égypte un grand nombre de manuscrits chaldéens, syriaques, arabes, coptes et grecs, de la plus haute antiquité. Cette nouvelle produisit, à cette époque, une profonde sensation. C'était l'époque des grands travaux historiques et des grandes collections. Les docteurs catholiques, appelés sur le terrain de l'histoire par la science protestante, s'étaient mis à interroger avec une infatigable ardeur tous les monuments de l'antiquité chrétienne, et de ces recherches laborieuses étaient sortis les immortels ouvrages des Bollandistes, des Tillemont, des Thomassin, des Baronius, et de tant d'autres savants du premier ordre. Rome nourrissait encore dans son sein une génération de savants robustes, continuateurs des fortes études du siècle précédent, qui accueillirent avec la joie la plus vive la nouvelle de l'existence de ces antiques manuscrits, lesquels, outre l'intérêt historique qu'ils présentaient, devaient sans doute fournir de nouvelles armes à la controverse catholique. Clément XI, qui occupait alors le siége pontifical, résolut donc de faire explorer les monastères d'Égypte, et de mettre à tout prix l'Occident en possession de ces richesses.

Il se trouva qu'un archiprêtre d'Antioche, nommé Élias, homme profondément versé dans la littérature orientale, ayant terminé les affaires pour lesquelles il avait été envoyé à Rome, était sur le point de s'en retourner en Syrie. Le pape le chargea de parcourir les monastères de l'Égypte, et d'en rapporter à quelque prix que ce fût tous les manuscrits qu'il pourrait découvrir. Mais les moines ne voulurent lui en céder que quarante, et encore moyennant des sommes immenses.

Ces quarante manuscrits ne firent qu'enflammer le désir des savants de Rome, et le pape chargea Joseph-Simon Assémani de faire un nouveau voyage en Égypte. Ce savant pénétra à grand'peine dans les monastères de Nitrie, en visita les bibliothèques, et parmi deux cents manuscrits qu'il trouva entassés pêle-mêle, il fit choix de cent des plus anciens et des plus précieux; mais, malgré ses vives instances, il ne put jamais décider les moines à les vendre; il n'en obtint qu'un très-petit nombre, et à un prix très-élevé. D'Égypte, Assémani passa en Syrie pour y continuer ses explorations scientifiques, et put enfin rapporter dans la bibliothèque du Vatican une riche collection de manuscrits, dont il tira les matériaux de son précieux ouvrage intitulé : *Bibliothèque orientale.*

Ce n'était pas assez d'avoir exhumé des déserts de l'Égypte, et transporté au centre de la catholicité ces précieux monuments de l'antiquité chrétienne; il fallait encore, pour en mettre en possession l'Europe savante, les traduire dans un idiome plus généralement connu que le syriaque; il fallait les traduire en latin, qui était la langue commune de toutes les universités. Un jésuite maronite qui fut d'abord chargé de ce soin, et qui s'occupait en même temps de la traduction des œuvres de saint Éphrem, mourut sans avoir pu terminer ces deux ouvrages : il ne put amener l'édition de saint Éphrem que jusqu'au tome IIIe, et commença à peine la traduction des manuscrits apportés des monastères d'Égypte. La continuation de ces deux grands travaux fut déférée à un savant maronite qui l'avait aidé, un autre Assémani (Étienne-Évode), archevêque d'Apamée, neveu de celui qui avait acheté les manuscrits, homme d'un savoir profond et d'une persévérance infatigable.

Le travail était considérable; Assémani, qui l'envisageait tout entier, l'accepta avec un dévouement pour la science qu'on ne peut trop admirer, et qu'il a exprimé lui-même avec une simplicité touchante. « D'un côté, dit-il, la difficulté et l'aridité du travail qu'exigeait cette traduction m'effrayaient; mais, de l'autre, l'extrême utilité qu'en retirerait la science m'animait : je compris aussi qu'un homme qui aime véritablement les lettres doit sacrifier les douceurs et le repos de sa vie au bien commun. J'abordai donc avec résolution et courage l'important travail qu'on me confiait. » *Absterrebat quidem animum rei difficultas, atque improbus qui in hoc negotio objiciebatur labor; verumtamen et summa operis utilitas commovebat, et hominis rem litterariam diligentis esse intelligebamus, non tam pacato privatæ vitæ otio consulere, quam publico litterarum bono. Magno idcirco firmoque animo ad imperatum nobis summi momenti munus adcessimus.* — Præfatio generalis, p. xxxvi.

Parmi tous ces manuscrits syriaques, Assémani choisit les deux plus importants, et qui lui semblaient offrir le plus d'intérêt, tant à cause de la nouveauté des choses qu'ils contenaient, que de leur incontestable authenticité et de leur haute antiquité. Le premier de ces manuscrits avait à peu près 1300 ans d'ancienneté et remontait au v° siècle ; le second ne lui était postérieur que de 300 ans. Voici ce que contenaient ces codes antiques : 1° une vie de saint Siméon Stylite, écrite par Cosme, son disciple : il n'entrait pas dans notre dessein de la traduire ; 2° les actes des martyrs de la grande persécution de Sapor, depuis la trente et unième année du règne de ce prince jusqu'à la soixante-dixième, c'est-à-dire jusqu'à sa mort, pendant quarante ans ; 3° les actes des martyrs de deux persécutions antérieures à celle-ci, commencées, l'une la dix-huitième, l'autre la trentième année du même règne ; 4° les actes des martyrs de la persécution excitée par Isdegerdès en 421, et continuée pendant tout le règne de Vararane V, son fils ; 5° enfin, plusieurs actes de martyrs des persécutions romaines.

Assémani divisa sa traduction en deux parties. La première a pour titre : *Actes des martyrs d'Orient,* et la seconde : *Actes des martyrs d'Occident;* mais il faut savoir que sous le nom d'Occident les Syriens entendent non pas seulement l'Europe, mais encore toutes les régions de l'Asie situées en deçà de la Chaldée.

La première partie comprenait les actes de la grande persécution de Sapor ; puis, sous forme d'appendice, les actes relatifs aux autres persécutions soulevées par la traduction des manuscrits apportés des monastères d'Égypte. La continuation de ces deux grands travaux fut déférée à un savant maronite qui l'avait aidé, un autre Assémani (Étienne-Évode), archevêque d'Apamée, neveu de celui qui avait acheté les manuscrits, homme d'un savoir profond et d'une persévérance infatigable.

Le travail était considérable; Assémani, qui l'envisageait tout entier, l'accepta avec un dévouement pour la science qu'on ne peut trop admirer, et qu'il a exprimé lui-même avec une simplicité touchante. « D'un côté, dit-il, la difficulté et l'aridité du travail qu'exigeait cette traduction m'effrayaient; mais, de l'autre, l'extrême utilité qu'en retirerait la science m'animait : je compris aussi qu'un homme qui aime véritablement les lettres doit sacrifier les douceurs et le repos de sa vie au bien commun. J'abordai donc avec résolution et courage l'important travail qu'on me confiait. » *Absterrebat quidem animum rei difficultas, atque improbus qui in hoc negotio objiciebatur labor; verumtamen et summa operis utilitas commovebat, et hominis rem litterariam diligentis esse intelligebamus, non tam pacato privatæ vitæ otio consulere, quam publico litterarum bono. Magno idcirco firmoque animo ad imperatum nobis summi momenti munus adcessimus.* — Præfatio generalis, p. xxxvi.

Parmi tous ces manuscrits syriaques, Assémani choisit les deux plus importants, et qui lui semblaient offrir le plus d'intérêt, tant à cause de la nouveauté des choses qu'ils contenaient, que de leur incontestable authenticité et de leur haute antiquité. Le premier de ces manuscrits avait à peu près 1300 ans d'ancienneté et remontait au v⁰ siècle ; le second ne lui était postérieur que de 300 ans. Voici ce que contenaient ces codes antiques : 1° une vie de saint Siméon Stylite, écrite par Cosme, son disciple : il n'entrait pas dans notre dessein de la traduire ; 2° les actes des martyrs de la grande persécution de Sapor, depuis la trente et unième année du règne de ce prince jusqu'à la soixante-dixième, c'est-à-dire jusqu'à sa mort, pendant quarante ans ; 3° les actes des martyrs de deux persécutions antérieures à celle-ci, commencées, l'une la dix-huitième, l'autre la trentième année du même règne ; 4° les actes des martyrs de la persécution excitée par Isdegerdès en 421, et continuée pendant tout le règne de Vararane V, son fils ; 5° enfin, plusieurs actes de martyrs des persécutions romaines.

Assémani divisa sa traduction en deux parties. La première a pour titre : *Actes des martyrs d'Orient,* et la seconde : *Actes des martyrs d'Occident;* mais il faut savoir que sous le nom d'Occident les Syriens entendent non pas seulement l'Europe, mais encore toutes les régions de l'Asie situées en deçà de la Chaldée.

La première partie comprenait les actes de la grande persécution de Sapor ; puis, sous forme d'appendice, les actes relatifs aux autres persécutions soulevées par le même Sapor, et à celle d'Isdegerdès et de Vararane. De cette dernière persécution, qui fut longue et sanglante, deux actes sont les seuls documents authentiques qui nous soient parvenus; les autres, très-probablement, sont restés enfouis dans les monastères d'Égypte. Dans notre traduction française nous avons suivi l'ordre chronologique, et placé les premiers les deux actes qui ont rapport aux premières persécutions.

La seconde partie comprenait trente-neuf actes de martyrs des persécutions romaines; mais plusieurs de ces actes s'étant trouvés parfaitement conformes à ceux publiés déjà par dom Ruinart, Assémani ne s'en est pas occupé; il n'a traduit que ceux qui étaient ou complétement inédits jusqu'alors, comme les actes de sainte Stratonice, des sept martyrs de Samosate et de sainte Théodote; ou ceux qui différaient notablement des actes déjà connus, comme ceux de saint Lucien et de saint Marcien, et ceux des martyrs de Palestine. Quant à ces derniers, Assémani ne doute pas qu'ils ne soient le texte original d'Eusèbe, qui les aurait écrits primitivement en langue vulgaire, en syriaque; le texte grec qu'on possédait déjà, et qu'on annexait autrefois au huitième livre de son *Histoire ecclésiastique*, n'en serait qu'une traduction abrégée.

Les orientalistes apprécieront toute la patience et toute la sagacité qu'il a fallu pour déchiffrer d'abord, et ensuite pour éditer avec des points-voyelles, ces antiques manuscrits écrits avant l'invention des signes massorétiques.

Assémani ne s'est pas contenté de traduire les manuscrits syriaques; mais, d'après l'exemple que lui avaient donné les Bollandistes et dom Ruinart, il les a soigneusement annotés, et les a fait précéder de dissertations savantes dans lesquelles, avec une érudition profonde et une admirable sagacité, il en établit l'authenticité et la date, éclaircit toutes les difficultés qui s'y rattachent, et discute tout ce qui se trouve de discordant et d'inexact, soit dans les différentes liturgies, soit dans les historiens latins, grecs et orientaux. Aussi son travail peut-il prendre place à côté des grandes œuvres historiques du xviie siècle, qui ne fut pas seulement un siècle littéraire, mais qui fut encore, comme le xvie, un siècle de critique et d'érudition.

Nous n'avons pas reproduit les différents arguments sur lesquels Assémani appuie son opinion, soit sur l'antiquité, l'authenticité et l'intégrité de ces codes, soit sur l'époque des persécutions et la date des martyres : points sur lesquels il réfute souvent les auteurs anciens et modernes; nous avons purement et simplement adopté ses conclusions, qui nous ont paru incontestables.

La partie la plus importante de ces manuscrits syriaques est sans contredit l'histoire de la grande persécution de Sapor. Assémani, dans sa préface, démontre que l'auteur de ces actes est saint Maruthas, évêque de la ville de Tagrit, nommée plus tard Martyropolis, en Mésopotamie. On peut comparer saint Maruthas aux plus illustres prélats du iv° siècle, si fécond en grands évêques. Aussi recommandable par sa science que par sa piété, il fut un défenseur zélé de la foi catholique ; il assistait au premier concile œcuménique de Constantinople, où fut anathématisé Macédonius. Il fit deux voyages à cette capitale de l'empire d'Orient dans le but d'engager l'empereur à protéger les chrétiens de Perse ; ce fut alors que commencèrent ses liaisons avec saint Chrysostome, dont il se montra l'ami fidèle. Théodose II le députa deux fois auprès du roi de Perse Isdegerdès, et Maruthas, aidé de l'évêque Abdas, gagna tellement les bonnes grâces de ce prince, que les mages craignaient qu'il ne se fît chrétien. Saint Maruthas releva les églises renversées dans la persécution de Sapor ; il assembla à Séleucie deux conciles pour confirmer la foi de Nicée ; enfin, il écrivit les actes des martyrs de Perse, et recueillit leurs restes sacrés, qu'il transporta en grande pompe en sa ville épiscopale de Tagrit, qui prit de là le nom de Martyropolis.

Sous le rapport historique, rien ne peut avoir plus de valeur, comme témoignage, que l'histoire de saint Maruthas. Il a vécu sur les lieux mêmes ; ce qu'il raconte, il l'a vu ou appris de la bouche des évêques et des prêtres, témoins oculaires, ou bien il l'a puisé dans des écrits contemporains. La critique la plus sévère ne peut pas exiger de plus grandes garanties; il en est de même pour les autres actes des martyrs de Perse. Ceux des saints Jonas et Brich-Jésus ont été écrits par Isaïe, cavalier des gardes du roi, qui était présent aux interrogatoires ; quant à ceux qui ne portent pas de nom d'auteur, Assémani démontre qu'ils remontent à l'époque même des persécutions.

Sous le rapport théologique, l'intérêt de ces manuscrits syriaques n'était pas moins grand. Plusieurs points importants de dogme et de discipline reprochés à l'Église catholique recevaient une confirmation aussi éclatante qu'inattendue du témoignage précis et incontestable de l'antique Église de Perse; nous avons soigneusement annoté dans notre traduction les passages qui prouvent cette conformité entre les deux Églises, et qui se rapportent à la Trinité, à l'Eucharistie, au purgatoire, à la hiérarchie ecclésiastique, au jeûne quadragésimal, etc.

Si l'on compare les actes rédigés par saint Maruthas, ainsi que les autres actes des martyrs de Perse, avec ceux que nous ont laissés les écrivains grecs et latins, on sera frappé d'un très-grand contraste qui doit être surtout sensible dans une traduction française. Ces actes, écrits sous le sentiment d'une foi vive et d'une admiration immense, portent le cachet de l'imagination orientale. C'est un style figuré, hardi, poétique, et d'une riche abondance, et qui respire, pour ainsi parler, l'enthousiasme du martyre. On ne dirait pas que l'auteur raconte une histoire, mais qu'il chante un hymne. Toutefois on se méprendrait étrangement si on prenait cela pour de l'emphase et de la déclamation; c'est le génie de l'Orient. Cette couleur poétique, ce ton lyrique, n'ôtent rien à la candeur et à la sincérité du récit; on sent que cette chaleur n'est pas factice, mais qu'elle vient de l'âme, et qu'une émotion si vive et si vraie ne peut être inspirée que par les faits eux-mêmes. Rien n'égale l'onction, le charme et la majesté de ces récits. En voici seulement quelques traits : le martyr Jonas compare à une sainte ivresse l'ardeur qui fait courir les chrétiens à la mort. « Quand un ami vous invite à un festin, dit-il au tyran étonné de le voir mourir avec tant de joie, il vous sert un vin généreux qui bientôt vous enivre; alors vous oubliez toutes les choses de la vie; vous ne sauriez plus même retourner en votre maison, il faut que vos esclaves vous y ramènent; ainsi en est-il pour nous du martyre : c'est un festin auquel Jésus-Christ nous convie pour nous faire participer à ses douleurs : aussitôt que ce breuvage a touché nos lèvres, nous tombons soudain dans l'ivresse, et nous perdons le souvenir de tout ce que nous laissons sur la terre : richesses, honneurs, plaisirs; père, mère, épouse, enfants, parents, amis, nous oublions tout, et nous ne rêvons plus que le ciel. » Plus loin, le même martyr s'écrie : « Lequel vaut mieux, ou de laisser son blé dans le grenier, sous prétexte de le préserver de la pluie et de l'orage, ou de le jeter à pleines mains, le cœur joyeux et confiant en Dieu, dans l'espérance d'une moisson future? Ainsi en est-il de la vie; celui qui la jette au nom du Christ la retrouvera un jour, quand le Christ apparaîtra dans sa gloire, transformée en vie immortelle. » Les actes de saint Siméon Bar-Saboë sont un drame pathétique et sublime; le caractère épiscopal s'y déploie dans toute sa grandeur; les réponses du confesseur au roi sont pleines de calme, de force et de dignité; nulle part la supériorité du martyr n'est plus visible et le triomphe de la foi plus glorieux. Ailleurs saint Maruthas raconte avec une touchante onction les soins pieux d'une femme chrétienne, Jazdondocte, à l'égard des saints martyrs de Dieu. Qui ne serait ému en la voyant, la veille de leur supplice, leur porter à chacun, dans la prison, une robe blanche, les servir à table, les encourager au grand combat du lendemain qu'ils ignorent encore, et se recommander avec effusion à leurs prières?

Je ne sache rien de plus émouvant que les actes de saint Jacques, surnommé l'*Intercis,* c'est-à-dire mis en morceaux. On lui coupa successivement les doigts des mains et des pieds, puis les pieds, puis les bras, puis les jambes jusqu'aux genoux, puis les cuisses et orientale. C'est un style figuré, hardi, poétique, et d'une riche abondance, et qui respire, pour ainsi parler, l'enthousiasme du martyre. On ne dirait pas que l'auteur raconte une histoire, mais qu'il chante un hymne. Toutefois on se méprendrait étrangement si on prenait cela pour de l'emphase et de la déclamation; c'est le génie de l'Orient. Cette couleur poétique, ce ton lyrique, n'ôtent rien à la candeur et à la sincérité du récit; on sent que cette chaleur n'est pas factice, mais qu'elle vient de l'âme, et qu'une émotion si vive et si vraie ne peut être inspirée que par les faits eux-mêmes. Rien n'égale l'onction, le charme et la majesté de ces récits. En voici seulement quelques traits : le martyr Jonas compare à une sainte ivresse l'ardeur qui fait courir les chrétiens à la mort. « Quand un ami vous invite à un festin, dit-il au tyran étonné de le voir mourir avec tant de joie, il vous sert un vin généreux qui bientôt vous enivre; alors vous oubliez toutes les choses de la vie; vous ne sauriez plus même retourner en votre maison, il faut que vos esclaves vous y ramènent; ainsi en est-il pour nous du martyre : c'est un festin auquel Jésus-Christ nous convie pour nous faire participer à ses douleurs : aussitôt que ce breuvage a touché nos lèvres, nous tombons soudain dans l'ivresse, et nous perdons le souvenir de tout ce que nous laissons sur la terre : richesses, honneurs, plaisirs; père, mère, épouse, enfants, parents, amis, nous oublions tout, et nous ne rêvons plus que le ciel. » Plus loin, le même martyr s'écrie : « Lequel vaut mieux, ou de laisser son blé dans le grenier, sous prétexte de le préserver de la pluie et de l'orage, ou de le jeter à pleines mains, le cœur joyeux et confiant en Dieu, dans l'espérance d'une moisson future? Ainsi en est-il de la vie; celui qui la jette au nom du Christ la retrouvera un jour, quand le Christ apparaîtra dans sa gloire, transformée en vie immortelle. » Les actes de saint Siméon Bar-Saboë sont un drame pathétique et sublime; le caractère épiscopal s'y déploie dans toute sa grandeur; les réponses du confesseur au roi sont pleines de calme, de force et de dignité; nulle part la supériorité du martyr n'est plus visible et le triomphe de la foi plus glorieux. Ailleurs saint Maruthas raconte avec une touchante onction les soins pieux d'une femme chrétienne, Jazdondocte, à l'égard des saints martyrs de Dieu. Qui ne serait ému en la voyant, la veille de leur supplice, leur porter à chacun, dans la prison, une robe blanche, les servir à table, les encourager au grand combat du lendemain qu'ils ignorent encore, et se recommander avec effusion à leurs prières?

Je ne sache rien de plus émouvant que les actes de saint Jacques, surnommé l'*Intercis*, c'est-à-dire mis en morceaux. On lui coupa successivement les doigts des mains et des pieds, puis les pieds, puis les bras, puis les jambes jusqu'aux genoux, puis les cuisses et enfin la tête. L'horreur que devrait inspirer l'atrocité de ce supplice fait place à la plus douce émotion quand on voit le martyr sourire et chanter avec amour à chaque membre qu'on lui coupe. Les actes se terminent par un tableau sublime. Le martyr est là, gisant au milieu de ses membres semés autour de lui, semblable au tronc odorant d'un pin dont le fer a coupé les branches, et on l'entend prononcer cette prière : « Mon Dieu, me voilà par terre, au milieu de mes membres semés de toutes parts; je n'ai plus mes doigts pour les joindre en suppliant, je n'ai plus mes mains pour les élever vers vous; je n'ai plus mes pieds, ni mes jambes, ni mes bras. O Seigneur! que votre colère s'arrête sur moi, et se détourne de votre peuple, et je vous bénirai, moi, le dernier de vos serviteurs, avec tous les martyrs et tous les confesseurs de l'Orient et de l'Occident, du Nord et du Midi... » Quelle scène émouvante!

Je pourrais multiplier beaucoup les citations; mais le peu que je viens de dire suffit pour donner une idée du caractère tout particulier de ces actes, dignes assurément de faire suite à ceux qui sont entre les mains de tout le monde. Autrefois on lisait publiquement les actes des martyrs dans les églises, et cette lecture est sans contredit une des plus utiles qu'on puisse conseiller aux fidèles, dans tous les temps, comme aussi des plus nécessaires dans un siècle où, hélas! la foi diminue et la charité s'éteint. Je ne sache rien de plus propre à retremper les âmes que ces héroïques exemples. Qu'était-ce que le martyre? un sublime acte de foi, d'amour et d'espérance. Le martyre était un acte de foi ; car les chrétiens ne mouraient que parce qu'ils confessaient Jésus-Christ : on renvoyait les apostats. Foi sincère ; car qui peut suspecter des hommes qui donnent leur sang? qui peut récuser des témoins qui se font égorger? Foi invincible, car toute la puissance humaine venait s'y briser. Le martyre était un acte d'amour; car, ainsi que l'a dit le Sauveur, nul ne prouve mieux son amour qu'en mourant pour celui qu'il aime. L'amour de Dieu était inconnu aux cultes idolâtriques, la Divinité n'inspirait aux païens que la crainte; mais depuis le grand mystère d'amour manifesté par l'Incarnation et la Rédemption, prêché dans les nations et cru dans le monde, cette passion nouvelle de l'amour de Dieu germa dans l'humanité et enfanta le martyre. Le martyre était un acte d'espérance. Ils savaient que cette vie éphémère serait suivie d'une éternelle vie, et ils la jetaient avec confiance; que ces tourments d'un jour feraient place à un bonheur sans fin, et ils les affrontaient avec joie; que leurs corps torturés et déchirés ressusciteraient immortels et glorieux, et ils les livraient sans regret au fer et à la flamme.

Or la vie chrétienne n'est que le déploiement, la pratique continue de ces trois vertus qui faisaient les martyrs : la foi, l'amour et l'espérance. La vie chrétienne est une vie de foi; tout s'y passe dans une sphère inaccessible aux sens; tout y est invisible, surnaturel, mystérieux. L'œil ne saisit pas, la raison n'explique pas les rapports de l'âme avec Dieu par la prière, les sacrements, la grâce sanctifiante; une foi vive et puissante peut seule élever et fixer le chrétien dans cette région surnaturelle, et l'empêcher de s'enfoncer dans ce monde des sens où il est plongé. La vie chrétienne est une vie d'amour, car c'est une vie de sacrifice; il y a à combattre, à s'abstenir, à renoncer; les obstacles sont nombreux, la voie est rude et difficile, et l'amour seul peut faire goûter cette parole du Sauveur : *Mon joug est doux, et mon fardeau léger*. La vie chrétienne est une vie d'espérance; car le chrétien, voyageur sur la terre, attend une patrie meilleure, et dans une autre vie la récompense de ses travaux d'ici-bas. Il passe donc, sans s'attacher à rien de ce monde, les yeux et le cœur levés en haut; la sainte espérance lui donne des ailes et l'emporte avec toutes ses pensées et tous ses désirs dans les cieux.

Mais, hélas! où est-elle cette foi magnanime, cette charité ardente, cette ferme espérance? N'est-il pas trop vrai que ces fortes vertus chrétiennes ne fleurissent plus, que les disciples de Jésus-Christ ne se distinguent plus de la foule, et que leurs âmes sont aussi vulgaires, petites et lâches, que celles qui n'ont pas été régénérées? Mais les exemples des martyrs ne peuvent pas être stériles; la voix de leur sang, qui parlait si éloquemment aux premiers fidèles, parlera aussi à nos cœurs, et ranimera nos âmes languissantes. Les martyrs, en mourant pour Dieu, nous apprendront à vivre pour Dieu.

C'est dans ce désir et cet espoir, non moins que dans l'intérêt de la science, que nous avons voulu ajouter une nouvelle page à leur histoire, en écrivant dans notre langue ces actes trop peu connus et si dignes de l'être : puissent-ils être lus avec avidité des fidèles, et restituer une gloire bien méritée à des héros chrétiens trop oubliés! puissent-ils surtout, en devenant véritablement populaires, populariser les vertus qui font les martyrs, et qui font les saints : heureux l'auteur de cette traduction s'il lui était donné de contribuer ainsi pour quelque chose, par ce faible travail, à la gloire de ce Dieu à qui, s'il ne peut donner son sang, il veut au moins consacrer sa vie !

Avril 1852.

LES ACTES

DES

MARTYRS D'ORIENT

PREMIÈRE PERSÉCUTION DE SAPOR

ACTES DES SAINTS MARTYRS

JONAS, BRICH-JÉSUS, ZÉBINAS, LAZARE, MARUTHAS, NARSÈS, ÉLIAS, MAHARÈS, HABIBUS, SABAS ET SCEMBÉTAS (1)

(La 18e année du règne de Sapor II, l'an du Christ 327.)

La dix-huitième année de son règne, Sapor, croyant qu'il était de sa politique de persécuter l'Église du Christ, se mit à renverser les églises et les autels, à brûler les monastères, et à accabler de vexations tous les chrétiens. Il voulait leur faire renier le culte du Dieu créateur pour celui du feu, du soleil et de l'eau : quiconque refusait d'adorer ces divinités était soumis à d'intolérables tortures.

Il y avait dans la ville de Beth-Asa deux frères également vertueux et chers à tous les chrétiens; ils se nommaient Jonas et Brich-Jésus. Ayant appris les tourments qu'on faisait subir,

---

(1) Écrits par Isaïe, fils d'Abad, cavalier des gardes du roi, témoin oculaire.

en certains lieux, aux témoins de la foi chrétienne, pour les forcer à renier leur Dieu, ils résolurent de s'y rendre, et partirent incontinent. Arrivés à la ville de Hubaham, comme ils désiraient tout voir par eux-mêmes, ils pénétrèrent jusqu'à la prison publique, pour y visiter les chrétiens détenus pour la foi. Ils en trouvèrent un grand nombre qui déjà avaient résisté à plusieurs épreuves; ils les animèrent à persévérer dans leur constance, leur apprirent à trouver dans les saintes lettres des réponses pour confondre les juges; et tel fut le succès de leurs exhortations, que, parmi ces chrétiens, les uns firent devant les tyrans une confession glorieuse, et les autres cueillirent la palme du martyre : ces derniers furent au nombre de neuf, Zébinas, Lazare, Maruthas, Narsès, Élias, Maharès, Habibus, Sabas et Scembétas.

Quand ces neuf martyrs furent couronnés, les deux frères Jonas et Brich-Jésus prirent leur place : on les accusait d'avoir poussé à la mort, par leurs exhortations, les chrétiens qui venaient d'être immolés. Le juge, usant de dissimulation, leur adressa d'abord de douces paroles. « Par la fortune du roi des rois (1), leur dit-il, ne rendez pas inutile la bienveillance dont je veux user envers vous; soumettez-vous au roi, et adorez, selon les rites nationaux, le soleil, la lune, le feu et l'eau. » — Les martyrs : « Vous que le roi a établi pour rendre la justice, prenez garde à ne pas vous rendre criminel par d'iniques arrêts. Vous devez respecter sans doute le roi de qui vous tenez la puissance, mais bien plus encore celui qui vous a donné l'intelligence et la raison. Il vous faut donc, avant tout, chercher qui est ce Roi des rois, ce maître suprême du ciel et de la terre, qui fixe les temps et les change à son gré, qui dispense aux hommes la sagesse, qui fait les juges et leur donne la puissance pour défendre la

---

(1) On appelait ainsi le roi de Perse.

« Seigneur, s'écrie Stratonice en pleurant, réunissez-moi
à vos martyrs. »

vérité. Et, nous le demandons à vous-même, à qui devons-nous plutôt obéir, nous autres mortels, à ce créateur et maître des choses, ou bien à ce roi que la mort enlèvera bientôt pour le réunir à ses pères? »

Les princes des mages furent indignés de leur entendre dire que le roi n'était pas immortel. Ils firent préparer des verges, faites de branches d'arbres encore garnies de leurs épines; puis ils séparèrent les deux frères. Brich-Jésus fut enfermé dans une obscure prison, et des précautions furent prises pour qu'il ne sût rien de ce qui arriverait à son frère. Jonas fut traduit devant les juges. « Choisissez, lui dit-on : ou brûlez de l'encens en l'honneur du feu, du soleil et de l'eau, suivant les ordres du roi, ou bien attendez-vous aux plus affreux supplices. Sachez bien qu'il n'y a qu'un moyen pour vous d'y échapper, c'est d'obéir. » Jonas fit cette réponse : « Je fais trop de cas de mon âme, et de cette vie éternelle qui nous attend dans le sein de Notre-Seigneur Jésus-Christ, pour abjurer jamais son nom, mon unique espérance. Quiconque s'est confié en lui n'a jamais été confondu; il a scellé du sceau du serment ses promesses, il a dit : *En vérité, je vous le dis, celui qui me reniera devant les hommes, je le renierai aussi devant mon Père, qui est dans les cieux; et celui qui me confessera devant les hommes, je le confesserai aussi devant mon Père, qui est dans les cieux, et devant les anges. Car le Fils de l'Homme viendra sur les nuées du ciel, dans la gloire du Père et dans la gloire de ses saints anges, pour rendre à chacun selon ses œuvres.* Faites donc ce qu'on vous a dit de faire, et hâtez-vous, que je ne vous retarde pas un seul moment. Ne nous faites pas l'injure de nous croire capables de violer la foi promise à Dieu, et de déshonorer l'Église, qui nous a jugés dignes d'être ses ministres (1), et qui nous a dit : *Vous êtes la lu-*

---

(1) Ce passage indique que les deux frères étaient prêtres.

mière du monde ; *vous êtes le sel de la terre : si le sel s'affadit, avec quoi salera-t-on ?* Si nous avions la faiblesse d'écouter vos conseils et d'obéir au roi, nous nous perdrions nous-mêmes, et notre troupeau avec nous. »

Alors le chef des mages ordonna d'ôter ses habits au martyr, puis de l'attacher à un pieu, qui lui fut placé au milieu du ventre, et de le battre avec les verges pleines d'épines dont nous avons parlé ; on le frappa jusqu'à ce que ses côtes fussent à découvert. Tout le temps de son supplice, Jonas ne dit que cette prière : « Je vous bénis, Dieu d'Abraham, vous qui, le prévenant de votre grâce, l'avez autrefois appelé de ces lieux, et nous avez rendus dignes d'apprendre par lui les mystères de notre foi. Maintenant, Seigneur, je vous prie d'accomplir ce que le Saint-Esprit annonçait par la bouche du prophète David : *Je vous offrirai des holocaustes, je vous immolerai des victimes.* Voilà mon seul désir. »

A la fin, élevant la voix, il s'écria : « Je renonce à un roi idolâtre et à tous ses sectateurs ; je les déclare ministres du démon ; je renie le soleil, la lune, les étoiles, le feu et l'eau ; mais je confesse et j'adore le Père, le Fils, et le Saint-Esprit. »

Les juges ordonnèrent de le traîner, une corde aux pieds, sur un étang glacé et de l'y laisser toute une nuit, avec des gardes pour l'empêcher d'en sortir. Pour eux, ils s'en allèrent se mettre à table, et, après avoir pris un peu de sommeil, ils se hâtèrent le lendemain de poursuivre la cause. Brich-Jésus comparut donc devant les princes des mages, qui lui dirent perfidement : « Votre frère a embrassé notre religion ; voulez-vous l'imiter, pour éviter l'ignominie du dernier supplice ?

— Si mon Dieu, comme vous me le dites, a été outragé par la honteuse apostasie de mon frère, répondit le martyr, je veux d'autant plus lui rendre gloire. Mais cela n'est pas, et vous voulez m'en imposer ; car, à moins d'être aussi aveugle que vous, qui pourrait croire que des corps matériels, destinés au service de l'homme, sont des divinités? Comment peut-on, sans être fou, rendre des honneurs divins au feu, que le Créateur a fait pour les besoins de l'humanité? car nous voyons tous les hommes, sans distinction, s'en servir, les pauvres aussi bien que les riches. De quel droit donc nous contraindre à rendre nos hommages à des choses créées pour notre usage, et soumises par Dieu à notre empire; et comment pouvez-vous nous commander de renier le Dieu qui a créé et le ciel, et la terre, et la mer; le Dieu dont la providence s'étend sur tous les êtres, sur les plus petits comme sur les plus grands ; qui mérite par conséquent les respects et le culte de ceux mêmes qui ont empire sur les hommes? Il a tout créé, non qu'il eût besoin de rien, mais pour manifester sa puissance et sa majesté, et il a proscrit sévèrement le culte des idoles; écoutez sa parole : *Ne faites aucune image, aucune statue pour les adorer. Je suis le premier et le dernier. Je suis, et il n'y a pas d'autre Dieu que moi, et je ne donnerai pas ma gloire à un autre, ni mon culte aux idoles : c'est moi qui donne la mort, et c'est moi qui donne la vie. Personne ne peut se soustraire à mon empire.* »

A ces paroles, les mages, étonnés et confondus, se dirent : « Ne permettons plus qu'il défende jamais sa religion; autrement les adorateurs mêmes du soleil abandonneront notre culte et nous traiteront d'impies, comme ses compagnons le faisaient naguère. » Aussi, ils ne voulurent plus l'interroger que la nuit. Cependant ils firent rougir au feu des lames de fer, et les appliquèrent sur les deux bras du martyr, en lui disant : « Par la fortune du roi des rois, si tu fais tomber une de ces lames, tu renonces à la foi chrétienne. — Démons, répondit le martyr, ministres d'un roi impie, non, par Notre-Seigneur Jésus-Christ, je ne crains pas votre feu, et pas une de vos lames ne tombera ! Ou plutôt, je vous en conjure, choisissez parmi tous les tourments les plus terribles, et hâtez-vous d'en faire sur moi l'épreuve. Car celui qui combat pour Dieu doit combattre d'une manière héroïque, surtout si Dieu l'a honoré de quelque faveur et l'a élevé à quelque dignité. » Alors les juges lui firent verser dans le nez et dans les yeux du plomb fondu; après quoi on le ramena en prison, où il fut pendu par un pied.

Le lendemain, les mages, s'étant fait présenter Jonas : « Eh bien! lui dirent-ils, comment vous portez-vous? Vous avez peut-être souffert un peu la nuit dernière, sur cet étang glacé? — Je vous jure, répondit Jonas, par le vrai Dieu que j'espère voir bientôt, que depuis que ma mère m'a mis au monde je n'ai jamais passé une nuit si délicieuse. Le souvenir du Christ souffrant était pour moi une consolation ineffable. » Les mages reprirent : « Il faut que tu saches que ton compagnon a renoncé. — Je le sais, répondit Jonas, il a depuis longtemps renoncé au démon et à ses anges. — Jonas, dirent les mages, prends garde de périr misérablement, abandonné de Dieu et des hommes. — Jonas : Je m'étonne qu'aveuglés comme vous l'êtes vous parliez encore de votre sagesse ; mais, dites-moi donc, si vous êtes si sages, lequel vaut mieux, ou de garder son blé dans son grenier, sous prétexte de le préserver de la pluie et de l'orage, ou de le semer à pleines mains, le cœur content et confiant en Dieu, dans l'espérance d'une moisson future, qui rendra au centuple. Il est bien clair que si le blé reste renfermé dans le grenier, non-seulement il ne se multiplie pas, mais encore il se détériore peu à peu et finit par se perdre. Il en est du blé comme de la vie. Celui qui la jette au nom du Christ, et en mettant dans le Christ son espérance, la retrouvera un jour, quand le Christ apparaîtra dans sa gloire, transformée en immortalité. Mais les rebelles, les impies, les contempteurs des lois de Dieu seront la proie des feux éternels, selon les paroles des saintes lettres. — Prends garde, lui dirent encore les mages, que tes livres ne t'abusent, comme ils en ont déjà abusé tant d'autres. — Oui, répond le martyr, ils en ont déjà détrompé beaucoup des voluptés du siècle, après leur avoir fait goûter les douleurs du Christ souffrant. Car figurez-vous qu'un prince a invité ses amis à un festin; ceux-ci, en quittant leur demeure, n'ignorent pas qu'ils vont dîner chez un ami; mais à peine assis à sa table, un vin généreux les enivre, et ils ne sauraient plus regagner leur maison, il faut que leurs domestiques les y ramènent. Ainsi le serviteur du Christ, quand il est traîné par vos soldats, n'ignore pas qu'on va le juger; mais à peine arrivé au tribunal, a-t-il puisé l'amour de la croix du Christ, qu'aussitôt, enivré par ce breuvage, il oublie et le patrimoine que lui ont laissé ses ancêtres, et les richesses qu'il a acquises, et l'argent et l'or, et toutes les choses de la vie mortelle; il oublie et les rois et les princes, et les grands et les puissants, et ne désire plus que la vue du seul Roi véritable, dont le royaume est éternel et la puissance s'étend de génération en génération. »

Les juges, voyant l'inébranlable constance du martyr, lui firent couper, phalange par phalange, les doigts des pieds et des mains, et les semèrent de tous côtés. Puis, s'adressant à lui, ils lui dirent avec ironie : « Vois-tu, nous avons semé tes doigts, et maintenant tu peux espérer qu'à la moisson tu récolteras des mains en grand nombre. — Je ne demande pas plusieurs mains, répondit le martyr; mais le Dieu qui m'a créé saura bien me rendre les membres que vous m'enlevez. » Alors on lui arrache la peau de la tête et on lui coupe la langue, et on le plonge en cet état dans une chaudière remplie de poix bouillante. Mais tout à coup la poix s'enflamme et déborde de la chaudière sans faire aucun mal au martyr. Les juges, voyant cela, l'étendent sur une presse de bois, et écrasent et brisent tous ses membres; puis ils le scient par morceaux et jettent ces lambeaux sanglants dans une citerne desséchée, à laquelle ils mettent des gardes pour empêcher qu'on ne les enlève.

En ayant fini de cette manière avec le frère de Brich-Jésus, ils se firent présenter Brich-Jésus lui-même, et l'exhortèrent à avoir pitié de lui-même et à sauver sa vie. Il répondit : « Ce corps que vous m'engagez à conserver, ce n'est pas moi qui me le suis donné, ce n'est pas moi non plus qui puis le perdre; le Dieu qui l'a créé, si vous le détruisez, saura bien lui rendre sa forme perdue. Mais il vous rendra tous les maux que vous me faites, à vous et à votre roi insensé, qui, sans connaître son Créateur et son Seigneur, s'efforce de faire exécuter contre sa volonté des lois impies. »

Alors Hormisdascirus, le prince des mages, se tournant vers Maharnarsès : « Nos délais, dit-il, sont injurieux au roi; on ne gagne rien avec ceux qui sont entêtés de ces erreurs, ni par les paroles, ni par les supplices. » Il ordonna donc de battre le martyr avec des roseaux à la pointe très-aiguë, puis de couvrir son corps des éclats de ces roseaux, que l'on ferait entrer dans la chair avec des cordes fortement serrées, et de le rouler par terre en cet état. Quand cela eut été ainsi exécuté, on lui arracha, les uns après les autres, tous ces éclats de roseau, en emportant en même temps la chair et en lui causant d'affreuses douleurs. Après quoi, on lui versa dans la bouche de la poix fondue et du soufre enflammé. Le martyr succomba à ce dernier supplice, et alla rejoindre son frère.

Quand on sut la mort de ces deux martyrs, un de leurs anciens amis, Abstusciatas, racheta leurs corps pour cinq cents drachmes et trois vêtements de soie; mais en s'engageant par serment à n'en rien dire.

Ce livre, écrit sur la relation de témoins oculaires, contient les actes des saints Jonas, Brich-Jésus, Zébinas, Lazare, Maruthas, Narsès, Élias, Hadibe, Sabas et Scembétas, martyrs du Christ, qui, après les avoir soutenus par sa force dans le combat, les couronna après la victoire. Puisse avoir part à leurs prières Isaïe, fils d'Abad, d'Arzeroun, cavalier des gardes du roi, qui assista aux interrogatoires des martyrs et se chargea d'écrire leur triomphe.

Les glorieux martyrs recueillirent la palme le vingt-neuvième jour du mois de décembre.

DEUXIÈME PERSÉCUTION DE SAPOR

L'empereur Constantin étant mort l'an 337, dans le moment qu'il se préparait à marcher contre les Perses qui avaient rompu la paix, Sapor en profita pour faire une irruption sur l'empire romain; l'an 338, il vint assiéger Nisibe dont saint Jacques était évêque. L'armée des Perses était innombrable en cavalerie et en infanterie; ils avaient aussi un grand nombre d'éléphants et des machines de guerre de toute espèce. Mais après deux mois de siége, Sapor fut obligé de se retirer ignominieusement, et son armée périt tout entière. Aigri par ce revers, il se laissa facilement indisposer contre les chrétiens par les Juifs et les mages, et se remit à persécuter l'Église. L'auteur des Actes qu'on va lire est inconnu, mais témoin oculaire.

ACTES

DES SAINTS SAPOR, ÉVÊQUE DE BETH-NICTOR; ISAAC, ÉVÊQUE DE BETH-SÉLEUCIE; MAHANÈS, ABRAHAM ET SIMÉON, QUI SOUFFRIRENT LE MARTYRE SOUS LE ROI DES PERSES SAPOR; LEURS CORPS REPOSENT A ÉDESSE, DANS LA NOUVELLE ÉGLISE DES MARTYRS, DANS L'INTÉRIEUR DE LA VILLE.

(L'an du Christ 339.)

La troisième année du règne de Sapor, une accusation fut intentée par les mages contre les Nazaréens (1). « Nous ne pouvons plus, dirent les mages, adorer ni le soleil et l'air, qui nous donnent des jours sereins, ni l'eau, qui nous purifie, ni la terre, qui sert à nos expiations; voilà où nous ont réduits les Nazaréens, qui blasphèment contre le soleil, qui méprisent le feu, qui ne rendent aucun honneur à l'eau. »

(1) C'était le nom des chrétiens en Perse.

Le roi fut transporté de colère, au point qu'il ajourna un voyage qu'il allait faire à Aspharèse, et publia un édit pour arrêter les Nazaréens. Sur-le-champ trois d'entre eux furent saisis par les soldats, Mahanès, Abraham et Siméon.

Le lendemain, les mages allèrent de nouveau trouver le roi, et lui dirent : « Sapor, évêque de Beth-Nictor, et Siméon, évêque de Beth-Séleucie, bâtissent des oratoires et des églises, et séduisent le peuple par des discours artificieux. — J'ordonne, dit le roi, qu'on recherche les coupables par tout mon empire, et qu'on les livre aux juges avant trois jours. » Des cavaliers partirent aussitôt, et parcoururent jour et nuit toutes les provinces de la Perse. Tous les Nazaréens qui furent découverts furent amenés au roi, qui les fit enfermer dans la prison où étaient déjà leurs frères.

Le lendemain, le roi appela quelques personnages de distinction, et leur demanda s'ils connaissaient Sapor et Isaac les Nazaréens. Sur leur réponse affirmative, il fit comparaître les coupables, et leur parla en ces termes : « Ne savez-vous pas que moi, fils du ciel, je sacrifie cependant au soleil, et rends au feu les honneurs divins? et vous, qui êtes-vous donc pour outrager le soleil et mépriser le feu (1)? » Les martyrs répondirent d'une voix unanime : « Nous ne connaissons qu'un Dieu, et nous n'adorons que lui seul. — Est-il un Dieu, répliqua le roi, meilleur qu'Hormisdate, ou plus fort qu'Hariman irrité? Et qui peut ignorer que le soleil mérite qu'on l'adore ? » L'évêque Sapor lui répondit : « Nous ne connaissons d'autre Dieu que celui qui a créé le ciel et la terre, et par conséquent la lune et le soleil, et tout ce que nos yeux contemplent, et tout ce que notre esprit conçoit ; et nous croyons en outre que Jésus de Nazareth est son Fils. »

---

(1) Les Perses étaient dualistes, et reconnaissaient deux principes, l'un bon, l'autre mauvais. Ils adoraient aussi, on l'a déjà vu, les éléments.

A ces mots, le roi commanda de frapper le saint évêque sur la bouche; ce qui fut exécuté avec tant de barbarie, qu'on lui brisa toutes les dents. Cependant il disait au roi : « Jésus m'a donné quelque chose que vous ne savez pas, et qu'il vous serait impossible, à vous, d'obtenir... — Pourquoi? demanda le roi. — Parce que, répondit le martyr, vous êtes un impie. » Irrité de cette parole, le roi commanda de le frapper sans pitié avec le bâton; ce qui fut fait jusqu'à ce qu'on lui eût brisé les os; on le releva à demi mort, et on le reconduisit en prison chargé de chaînes.

Puis on fit comparaître Isaac, et le roi, après lui avoir fait quitter son manteau, lui dit : « As-tu la même folie que Sapor, et faut-il que je mêle ton sang avec le sien? — Ce que vous appelez folie, répondit Isaac, est une grande sagesse, dont vous êtes bien loin, prince. — Tu parles avec bien de l'assurance, reprit le roi; si je te faisais couper la langue? — Il est écrit, répliqua Isaac : *Je parlerai le langage de la justice en présence des rois, et je ne serai pas confondu.* — Comment, dit le roi, as-tu osé bâtir des églises? — Je l'ai fait, répondit Isaac, et je n'ai rien épargné pour le faire. »

Le roi, transporté de colère, appela sur-le-champ les principaux de la ville, et leur parla ainsi : « Vous savez que quiconque conspire contre la vie du roi se rend coupable de lèse-majesté et mérite la mort. Comment donc avez-vous si peu ressenti mes injures, que vous ayez fait alliance avec Isaac et soyez passés dans son camp? J'en jure par le soleil et par le feu qui ne peut s'éteindre, vous me précèderez tous dans la tombe! » Aussitôt tous ces grands, qui jusque-là s'étaient dits chrétiens, tremblent et se jettent devant le roi la face contre terre; puis, saisissant Isaac, ils l'entraînent et le font périr sous une grêle de pierres, tant la frayeur les avait égarés.

L'évêque Sapor, ayant appris dans sa prison la mort du

courageux martyr, en fut comblé de joie, et bénit le Seigneur d'avoir couronné son athlète. Lui-même succomba deux jours après, dans son cachot, des suites de ses blessures et sous le poids de ses chaînes. Le roi se fit apporter sa tête ; car il avait refusé de croire qu'il était mort.

Après qu'Isaac eut été lapidé, et que Sapor eut succombé dans sa prison, le roi fit comparaître devant lui Mahanès, Abraham et Siméon, et les pressa de sacrifier au soleil et d'adorer le feu. Ils répondirent : « Dieu nous préserve d'un pareil crime ; c'est Jésus que nous adorons et que nous confessons. » Le roi ordonna de les faire mourir en divers supplices. Mahanès fut écorché vif depuis le sommet de la tête jusqu'au milieu du ventre, et expira dans ce tourment ; Abraham eut les yeux crevés avec un fer rouge, et mourut deux jours après ; Siméon fut plongé dans une fosse profonde jusqu'à la poitrine et percé à coups de flèches. Les chrétiens enlevèrent secrètement leurs corps et leur donnèrent la sépulture.

TROISIÈME PERSÉCUTION DE SAPOR

de 340 à 380, quarante ans (1).

MARTYRE

DE SAINT SIMÉON, BAR-SABOE, ÉVÊQUE DE SÉLEUCIE ET DE CTÉSIPHON, ET DE SES COMPAGNONS ARDHAICLAS ET HANANIAS, PRÊTRES, ET DE CENT AUTRES CHRÉTIENS DE DIVERS ORDRES, AINSI QUE DE L'EUNUQUE GUSCIATAZADES, QUI AVAIT ÉLEVÉ LE ROI; DE PRUSIKIUS, GRAND CHAMBELLAN, ET DE SA FILLE, VIERGE CONSACRÉE A DIEU.

INTRODUCTION

Je vais raconter quelle fut l'origine de l'asservissement de notre Église, et la cause des malheurs que Dieu nous envoya comme châtiment et comme épreuve. L'orage terrible qui vint tout à coup fondre sur nous ne se peut comparer qu'à l'horrible persécution du temps des Machabées : ces temps-là, en effet, étaient vraiment les jours de la vengeance divine que le prophète avait annoncés par cet oracle : *Malheur à qui vivra dans ces jours de la colère de Dieu! Des légions viendront des régions de l'Occident, et désoleront la terre.* Ces paroles désignaient les Grecs, dont les Machabées essuyèrent toute la fureur.

---

(1) Tous les Actes relatifs à cette grande persécution de quarante ans ont été écrits par saint Maruthas, évêque de Martyropolis en Mésopotamie.

Antiochus, la cent-quarante-troisième année de l'empire des Grecs, et la sixième de son règne, ayant pris Jérusalem, pilla la table d'or et tous les instruments du culte divin, souilla le temple, en chassa les prêtres, y érigea des autels et y introduisit des étrangers; et, non content de ces impiétés, il ensanglanta la terre sainte et exposa aux bêtes et aux oiseaux de proie les corps des saints. Vaincus par tant de maux, plusieurs cédèrent au roi, et, abjurant la loi de Dieu, se souillèrent par d'impies sacrifices; d'autres, au contraire, des hommes, des femmes, d'une haute naissance, confessèrent généreusement leur foi, et moururent. Mille en un seul jour périrent pour l'observation du sabbat. Nous mourons, disaient-ils avec le sentiment de leur innocence, nous mourons dans la simplicité de notre cœur; mais nous prenons le ciel et la terre à témoin de notre innocence et de votre injustice. Des femmes furent tuées pour avoir circoncis leurs enfants, et leurs petits enfants furent pendus au cou de leurs mères. D'autres encore subissaient le dernier supplice pour avoir refusé de manger, contrairement aux défenses de la loi, une nourriture immonde. Et il y eut un grand deuil dans Israël, et les princes, les anciens, les jeunes gens et les vierges gémirent, et la beauté des femmes s'obscurcit dans les pleurs, et l'épouse sur la couche nuptiale pleura, et toute la maison de Jacob fut remplie d'affliction et de confusion, et Matathias gémit et s'écria : « Hélas ! hélas ! malheur à nous ! Pourquoi nous a-t-il été donné de voir les maux de notre peuple, et la désolation de la ville sainte et de son temple livré aux mains des étrangers ! Notre gloire et notre force sont perdues : pourquoi vivons-nous encore? » Toutefois, reprenant courage : « Pensez, disait-il, que ceux qui ont mis en Dieu leur confiance ne seront pas confondus. Que les paroles d'un pécheur ne vous fassent pas trembler; car sa gloire tombera en poudre, et il sera la proie des vers; aujourd'hui il est élevé; demain il aura disparu; il retournera dans la terre, et toutes ses pensées périront. » Et Matathias, qui parlait ainsi, donna l'exemple du courage. Ayant vu un concitoyen, un Juif, abjurer sa religion et sacrifier publiquement aux idoles, en face de l'outrage fait à Dieu, cet homme si zélé pour la loi, s'animant d'une sainte colère, se précipita sur le coupable, et au milieu de son impie sacrifice, et au pied des autels, il l'immola; il fit couler le sang de celui qui se livrait au culte des faux dieux; il le renversa mort sur le corps de la victime; il souilla, par le contact d'un sang impur, celui qui souillait la sainte loi. Et sur-le-champ, attaquant le ministre du roi lui-même, qui contraignait le peuple à d'impies sacrifices, il le fit aussi tomber sous ses coups. Matathias fut donc le pontife pur qui, par le sang d'une victime impure, apaisa la colère du Ciel, et rendit Dieu propice à son peuple.

Dans ces jours malheureux, dans ces jours d'angoisses et de terreurs, au milieu du bruit des armes, la joie, la sécurité, le repos, disparurent : partout le glaive, la solitude et la mort; le tombeau dilata ses entrailles pour engloutir les victimes, et reçut les justes confondus avec les pécheurs; mais les justes reposèrent doucement dans son sein, et les pécheurs furent engloutis dans les ténébreux abîmes, parce qu'ils avaient fait tomber Jacob dans l'iniquité, et plongé Israël dans l'apostasie.

Mais enfin, les trésors des miséricordes du Seigneur étant depuis trop longtemps fermés, quand sa vengeance eut versé assez de colère, quand le glaive eut été rassasié et l'épée enivrée, alors enfin tomba la pluie des grâces, la miséricorde coula à flots; alors parut un brillant soleil qui fondit à ses rayons les glaces de la superstition païenne, tarit la source de l'infidélité, dessécha les eaux de l'idolâtrie, dissipa la fange impure, essuya les plaies fétides, et fit briller de nouveau la pureté et la sainteté dans le temple. Judas Machabée fut cet astre. Judas, comme un jeune lion, rugit contre les bêtes malfaisantes, et son rugissement les dispersa. Judas étendit la gloire de son peuple, il exalta sa nation. Prêtre et guerrier, il se revêtit de l'éphod sacré pour se rendre Dieu propice; il endossa la cuirasse terrible pour donner la mort comme un puissant géant. Sa force l'a égalé au lion : il s'est couché sur les nations immolées, il a dévoré les chairs des princes; dans sa colère, il a recherché les restes des pécheurs; la terreur de son nom a fait trembler les superbes, et les puissants sont tombés de frayeur; sa main a donné le salut, et il a désolé bien des rois. Il a tué des milliers d'ennemis dans les montagnes, et des myriades dans la plaine; ses exploits réjouirent Juda, ses hauts faits firent tressaillir Israël; la terre sauvée par lui se reposa et se délassa de la servitude. Son nom vola aux extrémités du monde; mais lui, il succomba glorieusement en combattant pour son Dieu et pour son peuple : son nom soit béni à jamais !

Cette persécution d'Antiochus est l'image de la nôtre. En effet, le peuple chrétien fut écrasé par d'excessifs impôts, et les prêtres accablés de vexations de toute espèce; et l'on vit les superbes insulter les humbles, les impies fouler aux pieds les saints, la calomnie opprimer l'innocence. La plus dure servitude fut substituée à la sainte liberté donnée par le Christ à son Église, et tous les efforts furent tentés, tous les moyens mis en œuvre pour empêcher l'observance de la loi de Dieu, pour arrêter par la ruse, par la violence, par toutes les voies, ou même pour égarer complétement ceux qui marchaient dans le droit chemin de la vérité.

Ce fut la cent dix-septième année de l'empire des Perses, et la trente et unième année du règne de Sapor, roi des rois, que cette calamité tomba sur notre Église. Alors était évêque de Séleucie et de Ctésiphon Siméon Bar-Saboë (fils du Foulon), nom qu'il justifia parfaitement; car si son père teignait la pourpre qui orne les rois impies, lui-même il rougit de son sang celle qu'il devait porter dans le royaume des saints. Siméon donna volontairement sa vie pour son Dieu et pour son peuple ; et, plein d'horreur pour les attentats de l'impiété contre l'Église, il imita Judas Machabée, qui, lui aussi, dans des temps non moins malheureux, n'hésita pas à chercher la mort. O couple illustre de pontifes, Judas, Siméon ! Tous deux reconquirent la liberté de leur peuple, l'un par ses armes, l'autre par son martyre. L'un fut vainqueur et s'illustra par sa victoire ; l'autre triompha en succombant. Judas, en versant le sang de l'étranger, éleva son pays au faîte de la puissance et de la gloire ; Siméon, en versant son propre sang, brisa le joug de la servitude qui pesait sur son Église. Tous deux étaient décorés du souverain sacerdoce, tous deux portaient l'éphod sacré, tous deux servirent dignement à l'autel et honorèrent leur ministère auguste par leurs vertus ; tous deux, pieux et fervents, se purifiaient dans les eaux saintes et présentaient à Dieu le sang de la vigne ; tous deux animaient le peuple à la vertu par des paroles brûlantes ; tous deux, terribles dans le combat, volèrent au-devant de la mort, provoquèrent les bourreaux, se précipitèrent tête baissée sur le glaive ; tous deux enfin lavèrent leur âme dans leur sang. Fidèles au commandement de leur maître, ils l'accomplirent avec amour ; ils se dévouèrent à la pratique et à la défense de la loi divine. L'un remplit le précepte du Seigneur comme un juge, rendant la mort pour la mort, mourant lui-même pour le salut des siens ; et l'autre, comme un obéissant serviteur, selon la parole évangélique : *Si l'on vous frappe sur la joue droite, présentez encore la joue gauche,* tendit sa tête au glaive du bourreau. Par les expiations de son sacerdoce, l'un soulageait les âmes captives dans les limbes ; l'autre rappelait à la vie ceux qui dormaient de la mort du péché (1). L'un périt les armes à la main en

---

(1) Ces expressions du saint évêque de Mésopotamie sont un précieux

immolant les ennemis; l'autre accomplit obscurément son sacrifice. Oh! qu'elle est belle, qu'elle est glorieuse la mort des saints, surtout après la victoire illustre du Sauveur sur le péché! Judas, fort de la force de Dieu, souverain Seigneur, délivra sa nation des tributs qu'elle payait aux rois grecs et syriens; Siméon, triomphant avec le secours du Fils de Dieu, du Sauveur Jésus, affranchit son peuple accablé par d'intolérables exactions, et gémissant sous le joug des rois de Perse. Véritables pasteurs, ils ont donné leur vie pour préserver de la ruine les brebis qui leur étaient confiées; ils se sont dévoués avec amour, pour écarter leur troupeau des pâturages empoisonnés, des eaux troublées par les pieds des infidèles; ils périrent pour que ces brebis, sauvées par leur mort et ramenées au bercail, goûtassent les fruits de leur victoire.

RÉCIT

Ainsi donc, Siméon, le pontife illustre, mettant toute sa confiance en Dieu, fit porter au roi cette réponse : « Le Christ a racheté son Église par sa mort, et acquis la liberté à son peuple au prix de son sang; il a fait tomber de nos têtes le joug de la servitude, et nous a délivrés des lourds fardeaux que nous portions. En outre, en nous promettant de magnifiques récompenses pour la vie future, il a enflammé nos espérances : car son empire est éternel et ne périra jamais. Donc, tant que Jésus sera le Roi des rois, nous l'avons résolu, nous ne courberons pas la tête sous le joug que vous voulez nous imposer : Dieu nous préserve du malheur de renoncer à

---

témoignage de la foi de l'Église de Perse à deux dogmes catholiques, les dogmes du Purgatoire, et de la justification par le sacrement de pénitence.

la liberté dont il nous a fait don, pour devenir les esclaves d'un homme ! Le Seigneur à qui nous avons juré obéissance et fidélité est l'auteur et le modérateur de votre puissance : nous ne souffrirons pas l'injuste domination de ceux qui ne sont, comme nous, que ses serviteurs. Sachez-le encore, notre Dieu est le créateur des choses que vous adorez à sa place, et à nos yeux ce serait une impiété et un crime d'égaler au Dieu suprême les choses qu'il a créées, et qui sont semblables à vous. Et puis, vous nous demandez de l'or ; mais sachez que nous n'avons ni or ni argent, nous à qui le Seigneur a défendu de n'avoir ni or ni argent dans nos bourses ; enfin, l'Apôtre nous a dit : *Vous avez été achetés un grand prix, ne vous faites pas les esclaves des hommes.* » Tel fut le langage de Siméon (1).

On le porta sur-le-champ au roi ; il en conçut une violente indignation, et fit répondre au saint évêque : « Quelle est ta folie, d'exposer par ton audace téméraire ta vie et celle de ton peuple, et d'attirer sur toi et sur lui une mort certaine ? Ton incroyable orgueil te pousse à l'entraîner dans la désobéissance. Eh bien ! je vais sur-le-champ rompre ce pernicieux complot, et vous bannir à jamais de la société et de la mémoire des hommes. » Ainsi parla le roi.

Siméon, nullement ému de ces menaces, répondit : « Jésus s'est offert à la mort la plus cruelle pour racheter le monde, et moi, un néant, je craindrais de donner ma vie pour ce peuple, quand je me suis dévoué volontairement à son salut !

---

(1) Ce langage admirable de courage épiscopal et d'indépendance chrétienne n'est pas une rébellion contre les lois et la puissance légitime du prince. La liberté que le martyr réclame pour l'Église au nom de Jésus-Christ n'est pas l'affranchissement de tout impôt, l'indépendance absolue dans l'ordre temporel ; c'est le droit de n'être pas traitée en esclave. Les charges que Sapor imposait aux chrétiens, et qui ne pesaient que sur eux, n'étaient pas un impôt légal, mais des exactions iniques et exorbitantes, une spoliation véritable.

Soyez convaincu, ô roi, que Siméon est fermement résolu à mourir plutôt que de livrer son troupeau comme une proie à vos exacteurs. Je ne tiens pas à la vie si je ne puis vivre sans crime, et pour la prolonger de quelques jours je ne laisserai pas accabler des misères de la servitude ceux que mon Dieu a affranchis. Oserais-je rechercher l'oisiveté et les délices? Dieu me garde de pourvoir à ma sécurité en perdant ceux qu'il a rachetés de son sang, d'acheter les commodités de la vie au prix des âmes que le Christ a aimées, de m'assurer des jouissances par l'affliction de ceux que la mort du Sauveur a délivrés de l'esclavage. Non, je n'ai pas au cœur une telle lâcheté, je n'ai pas aux pieds de telles entraves, que je n'ose suivre les traces de Jésus, que je tremble de marcher dans la voie de sa passion, que je frémisse de m'associer au sacrifice par lequel ce véritable pontife s'est immolé. Je suis donc décidé inébranlablement à tendre ma tête au glaive, à mourir pour mon peuple. Et que mon sacrifice est peu de chose, comparé à celui de mon maître! Quant à la ruine dont vous menacez les fidèles de mon Église, c'est votre impiété qui en sera cause, et non mon dévouement pour Dieu et pour son peuple ; et par conséquent votre sang et non le mien devra laver ce crime ; mon peuple et moi nous en serons innocents. Mon peuple est prêt comme moi à sacrifier sa vie au salut de son âme : vous ne tarderez pas à l'apprendre. »

Alors le roi, comme le lion qui, une fois qu'il a flairé le sang humain, ne respire plus que le carnage, se livra aux transports de la plus violente colère, et l'agitation de son âme se manifesta par le trouble de tout son corps. Il grinçait des dents, il frémissait, il menaçait de tout renverser, de tout détruire ; il cédait aux mouvements les plus désordonnés de la fureur, impatient de boire le sang innocent, et de dévorer les chairs des saints. Enfin il fit entendre un rugissement effroyable, il publia un édit terrible, qui ordonnait de poursuivre incessamment les prêtres et les lévites, de renverser de fond en comble les églises, de souiller et de faire servir aux usages profanes les instruments du culte divin. « Siméon, disait le roi plein de rage et de fureur, Siméon, ce chef de magiciens, méprise la majesté royale ; il n'obéit qu'à César, n'adore que le Dieu de César, et il insulte et outrage le mien : qu'on me l'amène et qu'on lui fasse son procès devant moi. »

L'occasion était belle pour les Juifs, ces constants ennemis des chrétiens ; aussi mirent-ils tout en œuvre pour animer encore la colère du prince, et assurer la perte de Siméon et de son Église ; on les retrouve toujours, dans les temps de persécution, fidèles à leur haine implacable, et ne reculant devant aucune accusation calomnieuse. C'est ainsi qu'autrefois leurs clameurs forcenées contraignirent Pilate à condamner Jésus-Christ. Voici, dans la circonstance présente, ce qu'ils avaient l'impudence de dire : « Prince, si vous écriviez à César les lettres les plus magnifiques, accompagnées des plus superbes présents, César n'en ferait aucun cas. Que Siméon, au contraire, lui écrive la plus petite lettre, quelques mots seulement, aussitôt César se lève, il adore cette misérable page, il la prend respectueusement dans ses deux mains, et commande que sur-le-champ on y satisfasse. » Combien ces délateurs de Siméon ressemblent à ces témoins menteurs qui se levèrent contre le Seigneur ! Pauvres Juifs, provocateurs de la mort du Sauveur, de quel degré d'honneur, et dans quel abîme d'ignominie ils sont tombés ! Les voilà, chargés de leur déicide, exilés, fugitifs, vagabonds par toute la terre ! Quant aux accusateurs de Siméon, l'infamie, le mépris, la malédiction universelle furent leur juste châtiment ; et le saint évêque fut assez vengé par ce glaive qui en fit périr soudainement un si grand nombre, lorsque, entraînés par un imposteur, ils accouraient en foule pour rebâtir Jérusalem (1).

(1) Allusion à l'événement miraculeux qui donna un si éclatant démenti

Siméon fut donc chargé de chaînes et conduit au pays des Huzites, avec deux des douze prêtres de son église, lesquels se nommaient Abdhaïcla et Hananias. En traversant Suze sa patrie, une église chrétienne se trouva sur son passage, il pria ses gardes de prendre une autre route, parce que peu de jours auparavant les mages avaient livré cette église aux Juifs qui en avaient fait une synagogue. « Je crains, disait le saint évêque, que la vue d'une église ruinée n'ébranle mon courage, réservé à des épreuves plus rudes encore. »

Ses gardes firent une grande diligence, et, après avoir fait beaucoup de chemin en peu de jours, Siméon arriva à Lédan. Dès que le grand préfet l'apprit, il se hâta d'annoncer au roi l'arrivée du chef des chrétiens ; aussitôt Siméon fut introduit devant le prince ; mais il ne se prosterna pas devant lui. Le roi en conçut une grande indignation. « Maintenant, lui dit-il, je vois de mes yeux la vérité de tout ce que l'on m'a dit contre toi. Autrefois, vil esclave, tu ne faisais pas difficulté de te prosterner en ma présence : pourquoi aujourd'hui me refuses-tu cet honneur? — C'est, répondit Siméon, qu'autrefois je ne paraissais pas devant vous chargé de chaînes, ni pour être forcé, comme aujourd'hui, à renier le vrai Dieu. »

Les mages, qui étaient présents en grand nombre, disaient au roi : « Grand prince, il conspire contre l'empire et contre vous, il refuse de payer les impôts ; qui peut douter qu'il mérite la mort ? — Misérables, s'écriait Siméon, n'est-ce point assez pour vous d'avoir abandonné Dieu et perdu ce

---

à Julien l'Apostat. Jésus-Christ avait dit que du temple de Jérusalem il ne resterait plus pierre sur pierre : Julien l'Apostat, voulant empêcher l'accomplissement de cet oracle, rassembla les Juifs pour rebâtir leur temple ; ils accoururent de tous côtés, et se mirent à l'œuvre avec ardeur ; mais quand ils eurent enlevé jusqu'à la dernière pierre des anciens fondements, tout à coup il en sortit des flammes qui repoussèrent les travailleurs, et les forcèrent à abandonner l'ouvrage.

royaume ? faut-il encore que vous cherchiez à nous entraîner dans le même crime et le même malheur ? »

Le roi, prenant alors un visage moins sévère, lui dit : « Laissez là cette dispute, Siméon. Croyez-moi, je vous veux du bien. Adorez le soleil, et vous vous sauvez, vous et les vôtres. »

Siméon. Je ne peux pas vous adorer vous-même, ô roi, quoique vous soyez bien plus excellent que le soleil, puisque vous êtes doué d'esprit et de sagesse, et je serais assez insensé pour adorer un dieu inanimé, privé d'intelligence, qui ne peut nous discerner vous et moi, ni vous récompenser vous qui le servez, et me punir moi qui lui insulte ! Vous disiez qu'en vous écoutant je sauverais mon peuple ; mais sachez donc que nous, chrétiens, nous n'avons qu'un seul Sauveur, le Christ, attaché à la croix. Moi donc, le dernier de ses serviteurs, je mourrai pour lui, pour mon peuple, pour moi-même. Loin de moi toute lâche frayeur ; je me sens plein d'une force invincible, je saurai éviter la bassesse et le déshonneur, je saurai mériter la gloire. Je ne suis pas un enfant qu'on puisse gagner par des bagatelles ; mais, vieillard, je garderai la dignité de mon caractère, et j'achèverai fidèlement, saintement, mon œuvre. Au reste, ce n'est pas à moi, qu'une lumière supérieure et divine éclaire, à en délibérer avec vous. »

Le roi : « Si au moins tu adorais un Dieu vivant, ta folie aurait une excuse ; mais tu disais toi-même que ton Dieu est mort attaché à un infâme gibet. Laisse ces chimères, Siméon, et adore le soleil, par qui tout ce qui est subsiste ; si tu y consens, richesses, honneurs, dignités, tout ce que tu voudras, je te promets tout. »

Mais Siméon : « Jésus, dit-il, est le créateur du soleil et du genre humain : quand il expira entre les mains de ses ennemis, le soleil, comme un serviteur qui prend le deuil à la mort de son maître, s'éclipsa ; pour lui, il ressuscita des morts après trois jours, et monta aux cieux au milieu des concerts des anges. C'est bien en vain que vous espérez me séduire par vos présents, par vos dignités et vos honneurs; j'en attends de bien plus magnifiques, et si grands, que vous n'en avez pas même l'idée; mais moi, ma religion et ma foi m'en donnent l'assurance. »

Alors le roi : « Siméon, tu es bien insensé. Pour un fol attachement à tes idées, à tes rêves, tu vas faire périr tout un peuple. Épargne la vie, Siméon, épargne le sang d'une multitude innombrable que je suis déterminé à punir, à cause de toi, avec la même rigueur.

— Si vous versez le sang innocent des chrétiens, répondit Siméon, vous sentirez l'énormité de ce crime en ce jour où vos décrets seront examinés à la face de tout l'univers, en ce jour où vous devrez, grand roi, rendre compte de votre vie. Des chrétiens ne font qu'échanger la jouissance d'une vie qui passe, contre un royaume qui est éternel. Quant à moi, rien ne me fera renoncer à la vie qui m'est réservée dans le Christ; pour cette vie fragile et mortelle, je vous l'abandonne; elle est dans vos mains; elle est à vous; prenez-la donc, si vous la voulez, hâtez-vous de la prendre.

— Peut-on, dit le roi, afficher tant d'audace? Il va jusqu'à faire mépris de sa vie. Mais moi j'aurai pitié de tes sectateurs, et j'espère, par la sévérité de ton châtiment, les guérir d'une pareille folie.

— Essayez, répondit Siméon, et vous verrez si les chrétiens sacrifieront la vie qui les attend dans le sein de Dieu, pour celle qu'ils partageraient avec vous ici-bas. Allumez la flamme de vos supplices, et jetez-y cet or, et vous reconnaîtrez que la fermeté des chrétiens est invincible, et que vos cruautés n'en triompheront jamais. Nous avons tous de la vérité de notre foi une persuasion intime et profonde, et à cause de cela nous souffrirons tous les tourments plutôt que de la trahir. Je ne veux vous dire que ce seul mot, ô roi;

notre nom de chrétien, ce nom auguste et immortel qui nous vient du Christ notre Sauveur, nous ne consentirions jamais à l'échanger contre votre grand nom lui-même.

— Eh bien, dit le roi, si tu ne me rends en présence de ma cour les honneurs accoutumés, ou si tu refuses de m'adorer avec le soleil, divinité de tout l'Orient, dès demain, tes traits si beaux, je les défigure; tout ton corps, d'un aspect si vénérable et si auguste, je le mets en sang.

— Vous dites que le soleil est Dieu, répondit Siméon, et vous l'égalez à vous, qui êtes un homme; car vous réclamiez tout à l'heure le même culte que lui. En réalité, cependant, vous êtes plus grand que lui. Ensuite vous me faites des menaces, vous voulez défigurer je ne sais quelle beauté de mon corps. Que m'importe? Ce corps a un réparateur qui le ressuscitera un jour, et lui rendra avec usure cet éclat de beauté d'ailleurs bien méprisable : c'est lui qui l'a créé de rien, c'est lui aussi qui l'a orné. »

A la fin, le roi ordonna de mettre des fers à Siméon, et de le tenir dans une étroite prison jusqu'au lendemain, persuadé que la réflexion le changerait.

Il y avait à la porte du palais par où devait passer Siméon un vieil eunuque qui avait élevé le roi, et qui exerçait la charge d'arzabade, ou de grand chambellan; c'était un homme très-considéré dans le royaume; il s'appelait Guhsciatazades. Par crainte de la persécution, il avait abjuré la foi chrétienne, et adoré publiquement le soleil. Quand Siméon passa devant lui, il s'agenouilla et le salua. Mais le saint évêque, pour ne pas voir l'apostat, détourna les yeux avec horreur. Ce reproche tacite toucha vivement l'eunuque, il se rappela son apostasie; ce souvenir lui tira des gémissements, et, les larmes aux yeux, il se disait à lui-même : « Si un homme qui a été mon ami, Siméon, a conçu une telle indignation contre moi, que fera Dieu, que j'ai trahi! » Plein de ces pensées, il court à sa maison, quitte ses habits somptueux, en prend de noirs, et avec ces marques de deuil il revient s'asseoir dans le palais, à la même place.

Cette action étonna tout le monde; le roi lui-même en eut connaissance, et il envoya demander à l'eunuque le motif d'une conduite si singulière. « Pour quelle raison, quand le roi est en bonne santé, et porte encore la couronne sur la tête, t'es-tu imaginé de prendre des habits de deuil, et de paraître ainsi en public? As-tu perdu ton fils? ton épouse est-elle gisante dans ta maison, attendant la sépulture? S'il n'en peut être ainsi, pourquoi avoir pris le deuil, comme si tu avais essuyé ces malheurs? » Voilà ce que le roi fit dire à l'eunuque.

L'eunuque lui fit répondre : « Je suis coupable, je l'avoue; punissez-moi du dernier supplice, je le mérite. »

Le roi, ne comprenant rien à cette réponse, se le fit amener, afin de lui demander à lui-même la raison de cette étrange conduite. Et quand on le lui eut amené, il lui dit : « Il faut que quelque malin esprit te possède, pour menacer mon règne de ce funeste présage.

— Non, répondit Guhsciatazade, aucun malin esprit ne me possède; je suis tout à fait maître de moi, et ce que je sens, ce que je pense, convient parfaitement à un vieillard.

— Pourquoi donc alors, dit le roi, as-tu paru tout à coup avec ces habits de deuil, comme un furieux? Pourquoi as-tu répondu à mon envoyé que tu étais indigne de vivre.

— J'ai pris le deuil, répondit Guhsciatazade, à cause de ma double perfidie envers mon Dieu et envers vous-même : envers mon Dieu, car j'ai violé la foi que je lui avais jurée; j'ai préféré à sa vérité votre faveur : envers vous-même, car, contraint d'adorer le soleil, je l'ai fait avec feinte et hypocrisie; mon cœur intérieurement protestait contre ma conduite.

— Est-ce là, vieil insensé, la cause de ta douleur? s'écria

le roi furieux. Je t'aurai bientôt guéri si tu persistes dans ce délire impie.

— J'atteste le Dieu du ciel et de la terre, s'écria le confesseur, que désormais jamais je n'obéirai à vos ordres, et qu'on ne me verra plus faire ce que je gémis d'avoir fait. Je suis chrétien, et je ne sacrifierai plus le vrai Dieu à un homme perfide.

— J'ai pitié de ta vieillesse, ajouta le roi ; il m'en coûte de te voir perdre le prix de tes longs services envers mon père et envers moi-même. Ainsi donc, je t'en conjure, abandonne les rêveries de ces imposteurs, si tu ne veux périr misérablement avec eux.

— Sachez, ô roi, reprit Guhsciatazade, que ni vous, ni tous les grands de votre empire, vous ne me persuaderez jamais de préférer la créature au Créateur, et d'outrager le Dieu suprême en adorant les œuvres de ses mains.

— Misérable, reprit le roi, est-ce donc que j'adore des créatures ?

— Guhsciatazade : Si au moins vous adoriez des créatures vivantes et animées ! Mais, et vous devriez en avoir honte, vous rendez vos hommages à des êtres privés de vie et de raison, à une matière destinée au service de l'homme. »

La fureur du roi fut à son comble, et sur-le-champ il condamna à mort Guhsciatazade. Les officiers insistaient pour qu'on exécutât immédiatement la sentence. « Accordez-moi seulement une heure, leur dit Guhsciatazade, j'ai encore quelques mots à faire dire au roi. » Il appela un eunuque, et le pria de porter au roi ces paroles : « Vous avez vous-même tout à l'heure rendu témoignage à mon zèle et à mon dévouement ; vous savez combien fidèlement je vous ai servis, vous et votre père. Maintenant, pour récompense, je ne vous demande qu'une grâce, c'est de faire annoncer par la voix du crieur public que Guhsciatazade est conduit au supplice, non pour avoir trahi les secrets du roi, non pour avoir trempé dans quelque complot, mais parce qu'il est chrétien, et qu'il a refusé de renier son Dieu. » Mon apostasie, se disait le généreux martyr, a été connue de toute la ville, et peut-être ma lâcheté en a-t-elle ébranlé plusieurs. Si l'on apprend maintenant mon supplice, et qu'on en ignore la cause, il ne sera d'aucun exemple aux fidèles. Je les fortifierai, au contraire, si je leur fais savoir ma pénitence, et s'ils me voient mourir pour Jésus-Christ. Mon martyre sera pour les chrétiens un éternel exemple de courage, qui raffermira leurs âmes et rallumera leur ardeur. Il avait bien raison, ce sage vieillard. La voix du crieur public qui fit connaître à tous son sacrifice, fut comme une trompette guerrière qui donna aux athlètes de la justice le signal du combat, et les avertit de préparer leurs armes.

Le roi accéda au désir de Guhsciatazade, et fit proclamer par un crieur tout ce qu'il avait souhaité. Il crut que cet exemple effraierait la multitude et lui ferait abandonner la foi chrétienne, et il ne comprit pas, l'insensé tyran, que ce courageux repentir serait l'aiguillon qui pousserait au trépas les fidèles, et que les brebis accourent où les cris de leurs compagnes mourantes les appellent.

Le saint vieillard mourut pour Jésus-Christ le treizième jour de la lune d'avril, la cinquième férie de la semaine des azimes (le jeudi saint). O Siméon, tu me rappelles Simon Pierre le pêcheur! Car c'est toi qui fis subitement cette pêche miraculeuse.

Le saint évêque apprit dans sa prison ce merveilleux et heureux événement, et il en fut comblé de joie. Et, dans son ravissement, il s'écriait : « Qu'elle est grande votre charité, ô Christ! qu'elle est ineffable votre bonté, ô notre Dieu! qu'elle est forte votre grâce, ô Jésus! qu'elle est puissante votre droite, ô notre Sauveur! Vous rappelez les morts du tombeau, vous relevez ceux qui sont tombés; vous convertissez les pêcheurs, vous rendez l'espérance aux désespérés.

Celui qui, dans ma pensée, était le dernier, le voilà, selon mon désir, le premier. Celui qui marchait dans des voies opposées aux miennes, le voilà devenu le compagnon de mon sacrifice. Celui qui s'était éloigné de la vérité, le voilà revenu à ma foi. Celui qui était tombé dans les ténèbres, le voilà maintenant convive du festin céleste. Son apostasie l'avait éloigné de moi, sa confession généreuse me le ramène; je le précédais, et il me précède; je voulais passer devant lui, et il me devance. Il a franchi le seuil redoutable de la mort, il m'a montré le chemin de la vie, il m'a rempli de joie et de courage. Il s'est fait mon guide dans la voie étroite, il dirige mes pas dans le sentier de la tribulation. Et moi, que tardé-je à le suivre? qui peut m'arrêter encore? son exemple me crie : Allons, hâte-toi; sa voix m'appelle et me presse. Je le vois tourner vers moi sa face rayonnante, je l'entends qui me crie : « Siméon, tu ne me feras plus de reproches maintenant; ta vue ne me causera plus de honte ni de remords. A ton tour, Siméon, viens dans la demeure que tu m'as montrée, dans le repos que tu m'as fait trouver. Là nous goûterons ensemble une félicité éternelle et immuable, au lieu du bonheur fragile et passager que nous partagions ici-bas. » C'est donc ma faute si quelque chose encore m'empêche de le suivre, si ce bonheur se fait attendre plus longtemps, si je ne romps pas de suite tous les retards. O l'heureux jour que celui de mon supplice! ce jour me délivrera de tous les maux que j'endure! ce jour dissipera tous les ennuis qui m'accablent! » Puis le saint évêque offrait à Dieu cette prière : « Cette couronne, l'objet de tous mes vœux, cette couronne après laquelle, vous le savez, depuis si longtemps je soupire, daignez me l'accorder, ô mon Dieu! et si pendant tout le cours de ma vie je vous ai aimé, Seigneur, et vous savez que je vous ai aimé de toute mon âme, je ne vous demande qu'une seule grâce maintenant : c'est de vous voir, c'est de jouir de vous, c'est de me reposer dans votre sein ; c'est de ne pas être retenu plus longtemps sur cette terre, pour être témoin des calamités de mon peuple, de la ruine de vos églises, du renversement de vos autels, de la profanation de votre sainte loi. Prenez-moi, pour que je ne voie pas la chute des faibles, l'apostasie des lâches, la crainte d'un tyran dispersant mon troupeau, et ces faux amis qui cachent sous un visage riant une haine mortelle, ces faux amis qui s'enfuient et nous délaissent au jour du malheur ; épargnez-moi le spectacle du triomphe insultant des ennemis du nom chrétien, et de leurs cruautés contre l'Église. Je suis prêt, Seigneur, à remplir toute l'étendue de mes devoirs, à achever généreusement mon sacrifice, à donner à tout l'Orient l'exemple du courage ; assis le premier à la table sacrée, je tomberai le premier sous le glaive, pour m'en aller, de là, dans la société des bienheureux, qui ne connaissent ni les ennuis, ni les angoisses, ni les douleurs ; où nul ne persécute, nul n'est persécuté ; nul ne tyrannise, nul n'est tyrannisé : rien ne chagrine, rien ne fait peine. Là on ne redoute plus les menaces des rois ou le visage irrité des ministres ; personne ne vous repousse ou ne vous frappe, personne n'inquiète ou ne fait trembler. Là, ô Christ, vous délasserez nos pieds meurtris par l'aspérité du chemin ; vous ranimerez, onction céleste, nos membres fatigués par les labeurs ; vous noierez, coupe de vie, toutes nos douleurs ; vous essuierez, source de joie, de nos yeux toute larme. »

Il tenait, en faisant cette prière, ses deux mains élevées vers le ciel, le bienheureux Siméon. Les deux vieillards pris et emprisonnés avec lui, comme nous l'avons raconté, contemplaient avec admiration son visage tout illuminé d'une joie céleste : on eût dit une rose épanouie, une fleur toute fraîche et toute belle.

C'était la nuit qui précède le jour de la mort du Sauveur : Siméon, résistant au besoin du sommeil, et chassant toute pensée vaine, priait ainsi : « Tout indigne que j'en suis, Seigneur, exaucez ma prière : faites que ce soit au jour même, à l'heure même de votre mort que je boive aussi le calice. Que les siècles à venir publient que j'ai été mis à mort le même jour que mon Sauveur ; que les pères répètent à leurs enfants : Siméon a écouté l'appel de son Dieu, et comme son maître, le quatorzième jour, la sixième férie, il a été martyr. »

Et en effet, le jour même du vendredi saint, à la troisième heure, le roi fit prendre par ses gardes et amener devant le tribunal Siméon, qui, cette fois encore, ne se prosterna pas devant le roi. « Eh bien, lui dit le prince, homme opiniâtre, as-tu réfléchi pendant la nuit ? Vas-tu profiter de ma bienveillance, qui t'offre la vie ? Ou veux-tu persister dans ta rébellion contre moi, et mourir ?

— Oui, répondit Siméon, oui, je persévère, et toute cette nuit la pensée de mon salut a éloigné de moi le sommeil, et j'ai compris combien votre inimitié est plus précieuse pour moi que votre bienveillance.

Le roi : Adore le soleil une fois, rien qu'une fois, et je me déclare ton protecteur contre tous tes ennemis.

Siméon : A Dieu ne plaise que je donne à ceux qui me poursuivent d'une haine injuste ce sujet de triomphe, et que mes ennemis puissent dire jamais : Siméon est un lâche, qui, par peur de la mort, a sacrifié son Dieu à une vaine idole.

Le roi : Le souvenir de notre ancienne amitié m'avait porté à user des voies de douceur, à t'aider de mes conseils, à chercher à te sauver ; mais, puisque tous mes efforts ont été inutiles, les suites te regardent.

Siméon : Toutes ces insinuations sont superflues. Que tardez-vous à m'immoler ! L'heure de ma délivrance a sonné : hâtez-vous donc, un céleste repas m'attend, la table est prête, et on me demande pourquoi je tarde encore. »

Cependant le roi, en présence même de Siméon, s'adressant aux satrapes et aux officiers qui l'entouraient : « Voyez-vous, leur dit-il en leur montrant le confesseur, quel beau visage, quel port majestueux? J'ai parcouru des pays lointains, et tout mon royaume, et nulle part je n'ai vu tant de grâce unie à tant de dignité. Concevez maintenant la folie de cet homme qui se sacrifie à des chimères !

— Il ne serait pas sage, ô roi, répondirent unanimement les satrapes, de vous arrêter à la beauté d'un seul homme, et de fermer les yeux au grand nombre des victimes qu'il a séduites et entraînées dans l'erreur. »

Siméon fut donc condamné à mort, et immédiatement conduit au supplice.

Il y avait aussi dans les prisons cent autres chrétiens, dont plusieurs étaient évêques d'autres Églises, ou prêtres, et les autres diacres ou engagés dans le clergé. Ils furent tous tirés de prison en même temps, et menés à la mort. Quand le grand juge leur lut l'édit du roi, conçu en ces termes : « Que celui qui veut sauver sa vie adore le soleil, » ils répondirent d'une voix unanime : « Nous croyons au seul Dieu véritable, et notre foi se rit de vos supplices ; nous aimons le Christ, et notre amour se fait un jeu de la mort ; vos glaives ne sont encore pas assez tranchants pour enlever de nos cœurs l'espérance de notre résurrection future. Nous l'avons tous juré, nous n'adorerons pas le soleil, nous ne suivrons pas vos conseils impies. Bourreau, exécutez sans délai les ordres de votre maître. »

Le roi avait commandé de frapper cette troupe de saints sous les yeux mêmes de Siméon : il espérait que l'horreur de leur supplice ébranlerait sa constance. Mais pendant que ces glorieux martyrs tombaient sous le glaive, Siméon, debout devant eux, leur criait : « Courage, mes frères, et confiance en Dieu. Votre résurrection descendra avec vous dans la tombe, et quand la trompette de l'ange réveillera les morts, vous l'entendrez, et vous vous lèverez. Le Christ aussi a été immolé, et il est vivant : votre mort vous fera trouver la vie en lui. Souvenez-vous de ses paroles : *Ne craignez pas ceux qui tuent le corps, mais qui ne peuvent tuer l'âme. Quiconque perd sa vie pour moi la retrouvera dans la vie éternelle.* La marque du vrai amour, c'est de mourir pour celui qu'on aime. Et puisque vous mourez par amour, vous recevrez la récompense des amis. Écoutez l'Apôtre qui vous crie : *Rappelez-vous que Jésus-Christ est ressuscité des morts. Par conséquent, si nous mourons avec lui, nous vivrons aussi avec lui. Et si nous partageons sa passion, nous partagerons aussi sa gloire. Et si nous donnons notre vie pour Jésus, la vie de Jésus se manifestera aussi un jour dans notre corps mortel. Il semble maintenant que la mort est en nous, et la vie en vous : mais sachez, très-chers frères, qu'à notre mort succèdera une vie éternelle, et à votre vie une éternelle mort ; car celui qui nie Dieu n'aura pas la vie. Et si maintenant nous souffrons un peu, une gloire immense, un éternel bonheur seront le prix de ces souffrances. Au dehors, notre corps tombe en poussière ; mais au dedans, notre âme se renouvelle ; car celui qui a rappelé Notre-Seigneur Jésus-Christ des morts, nous ressuscitera aussi pour régner avec lui. Si, pendant notre séjour ici-bas, nous sommes morts pour le Seigneur, en quittant cette terre nous irons avec le Seigneur dans la gloire.* A nous d'aimer, à lui de nous sauver ; à nous d'être fidèles, à lui d'être généreux ; à nous de travailler, à lui de nous récompenser ; à nous de souffrir, à lui de nous ressusciter ; à nous de verser notre sang, à lui de nous donner la couronne, le repos, la joie, les délices, et de nous dire : Venez, bons serviteurs, entrez dans la joie de votre maître ; vous avez fait fructifier les talents que je vous avais confiés. »

Quand ces généreux martyrs eurent été décapités, et couronnés de leurs cent couronnes, une triple palme fut encore offerte à la très-sainte Trinité par Siméon et les deux vieillards ses compagnons, qui furent immolés les derniers.

Au moment du supplice, un des compagnons de Siméon, pendant qu'il ôtait ses habits et que les bourreaux l'attachaient, fut tout à coup saisi d'une crainte involontaire, et se mit à trembler de tout son corps; son cœur toutefois demeurait inébranlable. A cette vue, Phusikius, personnage considérable, nommé tout récemment intendant des travaux publics, encouragea le tremblant vieillard. « Courage, Hananias, lui cria-t-il, fermez un instant les yeux, et vous les ouvrirez à la lumière du Christ. » Il fut conduit sur-le-champ au roi pour rendre compte de cette parole. Le roi lui dit : « Ingrat, voilà donc le cas que tu fais de mes bienfaits ! Élevé par moi à une dignité éminente, tu en négliges les devoirs, pour aller voir mourir des misérables !

— Cette négligence, répondit Phusikius, était mon devoir, et je voudrais échanger ma vie pour leur mort. La dignité dont vous m'avez décoré est pleine de troubles et de peines, et j'en fais volontiers le sacrifice ; mais leur mort est à mes yeux le comble du bonheur, je la désire et la demande.

— Tu as la folie, dit le roi, de préférer leur supplice à ton emploi, et de vouloir partager leur sort.

— Oui, répondit Phusikius, oui. Je suis chrétien, et mon espérance au Dieu des chrétiens est si ferme et si sûre, que j'attache infiniment plus de prix au supplice des martyrs qu'à tous vos honneurs. »

Le roi, furieux, se tourne vers les bourreaux : « Pour celui-ci, dit-il, il ne faut pas un supplice ordinaire. Puisqu'il a eu l'audace de fouler aux pieds les dignités dont je l'avais honoré, puisqu'il a insulté ma majesté royale, percez-lui le cou et arrachez-lui sa langue insolente; que l'atrocité de son supplice épouvante tous ceux qui en seront témoins. » Les bourreaux exécutèrent cet ordre avec une cruauté barbare, et Phusikius expira dans cette horrible torture.

Il avait une fille, qui avait consacré à Dieu sa virginité. Accusée aussi d'être chrétienne, elle mourut pour Jésus-Christ, son espérance et son Sauveur (1).

(1) Toutes les Églises, latine, grecque, cophte, arménienne et syrienne, célèbrent la mémoire de ces glorieux martyrs. On lit dans le *Martyrologe romain*, au 21 avril : « En Perse, naissance (dans la langue liturgique, le mot *naissance* signifie la *mort* du martyr, parce que par sa *mort* il *naissait* à la vie éternelle), de saint Siméon, évêque de Séleucie et de Ctésiphon, qui, arrêté par l'ordre de Sapor, roi de Perse, chargé de fers et cité devant d'iniques tribunaux, refusa d'adorer le soleil, et confessa courageusement Jésus-Christ. D'abord on le fit longtemps languir en prison, avec cent autres chrétiens, les uns évêques ou prêtres, les autres clercs de divers ordres ; ensuite, après que Gusthazane, nourricier du roi, apostat converti par saint Siméon, eut souffert glorieusement le martyre, le lendemain, qui était le jour de la Passion du Seigneur, tous les confesseurs furent égorgés sous les yeux de saint Siméon, qui les animait au martyre, et lui-même fut décapité le dernier. Avec lui souffrirent Abdechalas et Ananias, ses prêtres, ainsi que Pusicuès, intendant des travaux publics, lequel, pour avoir encouragé Ananias, qui chancelait, eut le cou percé et la langue arrachée ; après lui, sa fille, qui était une sainte vierge, fut égorgée. »

COMBAT

DE PLUSIEURS MARTYRS, ET D'AZADES, EUNUQUE DU ROI

(L'an 341 de J.-C.)

Le jour même du martyre du bienheureux Siméon, la trente-deuxième année de son règne, Sapor tira son glaive terrible et publia le plus sanglant édit : droit fut donné à tous de charger de chaînes et de faire esclave quiconque s'avouerait chrétien. Le tyran ne manqua pas de satellites pour servir ses fureurs : aussitôt une armée de bourreaux, le glaive à la main, attaqua le troupeau des saints. Le meurtre d'un chrétien fut regardé comme une faveur insigne ; le soin de les exécuter fut un gage des bonnes grâces du roi. Mais aussi, des âmes dignes de Dieu, des âmes fortes, prêtes à tout souffrir, coururent elles-mêmes au-devant de la mort. L'épée s'enivra du sang des forts ; mais l'épée fut vaincue ; le glaive émoussé tomba des mains tremblantes des bourreaux, et les martyrs lui insultèrent. Ceux qui l'aiguisaient se lassèrent, ceux qui le maniaient défaillirent. Mais ceux qui combattaient pour la vérité ne succombèrent pas, ne faiblirent pas. La charité alluma ses feux, l'espérance attisa sa flamme. Les brebis elles-mêmes appelèrent le couteau. La croix germa dans des ruisseaux de sang : fortifiés à son aspect, les saints tressaillirent d'allégresse et soufflèrent partout autour d'eux l'ardeur que leur inspirait au cœur la vue de ce signe de victoire.

Depuis la publication de l'édit, c'est-à-dire depuis la

sixième heure du Vendredi saint jusqu'au dimanche de la seconde semaine de la Pentecôte (1), le carnage ne s'arrêta pas. O heureux jours que ces jours du martyre ! Alors les époux du Christ, régénérés dans un second baptême, n'eurent plus à craindre pour l'avenir les souillures du péché : ceux qui s'étaient humiliés pendant quarante jours dans le jeûne et les larmes (2) s'assirent sur des trônes de gloire, et se reposèrent dans une félicité qui ne doit plus finir ! O jour heureux, où les prêtres de Dieu, purifiés dans leur propre sang, n'eurent plus besoin des eaux de la pénitence ni du bain des larmes! Jour heureux, où ceux qui étaient battus par la tempête entrèrent dans un port tranquille, à l'abri des vents et des orages! Jour heureux, où les hommes s'affranchirent des biens de ce monde et des soins domestiques, où les femmes chrétiennes se virent délivrées enfin de tous ces travaux qui les occupent, et de toutes les sollicitudes de cette vie !

Ainsi donc, dès qu'on eut appris que la persécution était ouverte, les chrétiens accoururent de toutes parts, réclamant l'honneur du martyre. On les égorgeait comme des troupeaux : les satrapes des provinces les plus éloignées en avaient rempli les prisons, en attendant l'édit qui permettrait de les mettre à mort. Le glaive, enivré du sang des saints, en était plus altéré encore ; l'épée, rassasiée de leurs chairs, en était plus avide. Les bourreaux et les martyrs étaient également altérés et affamés : le sang coulait à flots pour étancher cette soif, une table abondante était dressée pour apaiser cette faim. Et les bourreaux et les martyrs se jetaient avec une égale avidité sur ce breuvage et sur ces mets : ceux-ci tendaient la tête au

---

(1) C'est-à-dire le premier dimanche qui suit Pâques : *Dominica in albis*. Les Syriens appellent *Pentecôte* non pas le cinquantième jour après Pâques, mais les *cinquante jours* qui s'écoulent depuis la résurrection du Sauveur jusqu'à la descente du Saint-Esprit.

(2) L'édit avait été publié, comme il a été dit plus haut, à la fin du carême.

glaive, ceux-là aiguisaient le fer; les corps des saints tombaient de tous côtés, la mort rugissait, le sang couvrait la terre, l'enfer tressaillait de joie dans ses abîmes.

On mettait tant de précipitation dans ces affreuses exécutions, qu'on les égorgeait, sans aucun examen préalable, sur le seul nom de chrétien. C'est ainsi qu'un eunuque chéri du roi, nommé Azades, périt dans la foule des martyrs, après avoir confessé Jésus-Christ. Quand le roi l'eut appris, il en conçut une vive douleur et publia sur-le-champ un édit pour arrêter ces exécutions en masse, et prescrire d'informer seulement contre les chefs (1) de la religion de Jésus-Christ.

Cette persécution moissonna une multitude d'hommes, de femmes et d'enfants dont les noms ne nous sont pas parvenus, excepté ceux qui souffrirent le martyre dans la ville royale. Beaucoup aussi étaient étrangers à la Perse et originaires d'autres pays.

Beaucoup de soldats des armées du roi, qui confessèrent glorieusement Jésus-Christ, grossirent aussi le nombre des martyrs (2).

---

(1) Il faut comprendre sous cette désignation les évêques, les prêtres, les diacres, les clercs inférieurs, et aussi les vierges consacrées à Dieu, et les moines. Nous verrons dans la suite de ces actes que ce fut contre eux principalement que les persécuteurs s'acharnèrent.

(2) Le *Martyrologe romain* fait mention de tous ces martyrs au 22 d'avril : « Le même jour, martyre de plusieurs saints qui furent immolés pour le nom de Jésus-Christ dans toute l'étendue de la Perse, sous le roi Sapor, le jour anniversaire de la passion du Seigneur. Dans ce combat de la foi souffrit Azades, eunuque chéri du roi, etc. »

MARTYRE

DE SAINTE THARBA ET DE SA SŒUR, VIERGES, ET DE LEUR SERVANTE

(L'an 341 de J.-C.)

Sur ces entrefaites, l'épouse de Sapor tomba dangereusement malade. Les éternels ennemis de la croix, les Juifs, qui avaient toute sa confiance, n'eurent pas de peine à lui persuader que les sœurs de l'évêque Siméon, pour venger la mort de leur frère, lui avaient attiré cette maladie par des pratiques magiques. Aussitôt on en défère au roi, et la vierge Tharba et sa sœur, comme elle consacrée à Dieu, ainsi que leur servante, également vierge, sont arrêtées. Conduites au vestibule du gynécée du palais, elles comparaissent devant trois juges. Or Tharba était d'une rare beauté; sa vue gagna soudain le cœur de ses juges, et chacun d'eux songea, à l'insu des autres, aux moyens de l'arracher aux périls qui la menaçaient. Toutefois, prenant un visage sévère, ils dirent aux trois vierges :

« Vous avez, par vos enchantements, rendu malade la reine, la souveraine de tout l'Orient; vous méritez la mort. »

Tharba répondit tranquillement :

« Pouvez-vous accuser d'une telle chose des chrétiennes? Rien n'est plus contraire aux pratiques de notre sainte religion que la magie. Vous ne pouvez pas trouver en nous l'ombre d'un crime : cependant, si vous avez soif de notre sang, qui vous empêche de le boire? Si vous vous plaisez tant à torturer chaque jour des chrétiens, que ne vous donnez-vous encore ce spectacle? Nous sommes chrétiennes, nous mourrons chrétiennes, et nous garderons toujours notre foi. Savez-vous ce qu'elle nous prescrit, cette foi, d'adorer un seul Dieu, et de ne lui égaler rien de ce qu'il y a au ciel et sur la terre; et, quant aux enchanteurs et aux magiciens, de les punir de mort par l'autorité publique? Pouvez-vous donc encore nous croire coupables de pratiques qui seraient la violation la plus criminelle de notre foi? »

Mais Tharba prouvait en vain son innocence : elle et ses compagnes furent condamnées à mort. Cette sentence, si elle contentait l'impiété des juges, contrariait singulièrement leur dessein. Chacun d'eux, en considérant la beauté de Tharba, et son esprit égal à sa beauté, avait conçu secrètement le projet de l'épouser, et se flattait d'y parvenir facilement s'il la sauvait de la mort. Le président dit donc aux trois vierges : « N'alléguez pas les lois de votre religion ; nous savons bien que vous auriez préféré la vengeance ; c'est vous qui, par vos enchantements, avez attiré la maladie de la reine, au mépris de toutes les défenses de votre foi.

— Et pourquoi venger notre frère? répondit la généreuse Tharba. Vous ne lui avez rien fait qui puisse nous affliger et nous faire offenser notre Dieu si grièvement. Il est vrai, vous l'avez fait mourir ; mais il n'a pas cessé de vivre, sachez-le ; il vit dans ce royaume éternel, dont le vôtre ici-bas, si puissant qu'il soit, dépend, et par qui il sera renversé un jour. »

Après cette réponse, les vierges furent conduites en prison. Le lendemain, le président fit demander à Tharba si elle voudrait lui accorder sa main, avec promesse, si elle y consentait, d'obtenir du roi sa liberté et celle de ses compagnes. La noble vierge eut horreur de cette proposition. « Misérable, s'écria-t-elle, tais-toi ! Ne renouvelle jamais ces offres exécrables ! Que mes chastes oreilles ne les entendent plus, et que la pureté de mon cœur n'en soit pas souillée ! Je suis l'épouse de Jésus-Christ, je lui garderai une fidélité inviolable : à lui, l'auteur de ma foi et de mon salut, je confie ma vie ; à lui j'irai sans passer par vos mains, sans avoir souillé ma robe virginale.

Je ne crains ni la mort ni les supplices ; c'est la voie pour aller retrouver mon frère, et me reposer avec lui dans le séjour de la paix et du bonheur. »

Cependant les deux autres juges firent faire secrètement les mêmes propositions à la vierge ; elle les repoussa avec la même horreur. Alors ils conspirèrent unanimement la perte des trois chrétiennes et les déclarèrent, par la plus inique de toutes les sentences, coupables d'enchantements. Le roi ne put croire que des femmes fussent adonnées à ces pratiques, et il ordonna de les mettre en liberté si elles consentaient à adorer le soleil.

Elles refusèrent. « Dieu, dirent-elles, ne doit être comparé à aucune créature ; nous ne rendrons pas aux œuvres de ses mains le culte qui n'est dû qu'à lui seul. Ni les menaces ni les supplices ne nous feront abandonner Jésus-Christ, notre Sauveur. »

A peine avaient-elles dit, que les mages s'écrièrent tous ensemble : « Périssent ces malheureuses, dont les enchantements font depuis si longtemps languir la reine! »

Le roi leur permit de choisir eux-mêmes le genre du supplice. Ils ordonnèrent de les scier en deux ; car ils avaient annoncé que si la reine passait entre deux rangées de corps coupés par morceaux, elle recouvrerait la santé.

Pendant qu'on les conduisait au supplice, le président fit encore proposer à Tharba de l'épouser, en lui promettant en même temps sa grâce. La vierge ne put contenir son indignation : « Homme abominable, s'écria-t-elle, tu n'as pas honte de nourrir encore de telles pensées ! Apprends donc que la mort, pour moi, c'est la vie, mais qu'une vie achetée au prix de l'infidélité me serait plus dure que la mort. »

Arrivées au lieu du supplice, on les attacha chacune à deux pieux, et on les scia par le milieu du corps ; puis on les coupa en six morceaux, qu'on plaça dans six corbeilles, et on suspendit ces corbeilles à des poteaux sur deux rangs. Ces poteaux ainsi disposés, avec un espace au milieu, ressemblaient aux deux branches d'une croix, et les morceaux des corps des saintes étaient les fruits de ces deux branches de l'arbre divin, fruits d'agréable odeur pour Dieu, mais bien amers pour les persécuteurs!

Spectacle affreux et lamentable! En avait-on jamais vu de pareil? Vous donc qui aimez à pleurer, venez, mouillez vos yeux de pieuses larmes; elles couleront abondantes au souvenir de ce jour funeste où de saintes vierges, qui se cachaient avec tant de soin à tous les yeux, au fond de leur demeure inaccessible, se virent donner en spectacle aux regards d'un peuple immense : elles subirent avec joie pour Jésus-Christ ce public affront. Admirez cependant, au milieu des excès de la perversité humaine, le silence de la justice divine. Elle se tait et dissimule, parce que sa vengeance, quand le jour en sera venu, sera sans miséricorde. Admirez aussi l'étonnante audace de l'orgueil humain; mais quand il aura été une fois réprimé et abattu, ce sera sans retour.

Quant aux hommes atroces qui ont coupé par morceaux ces saintes vierges et en ont attaché à des poteaux les lambeaux sanglants, ils ont réalisé ce que disent les saintes lettres : *Les hommes qui se sont levés contre nous, nous auraient peut-être dévorés tout vivants!* Qui a pu trouver du plaisir à cet affreux spectacle? Qui a pu le regarder sans détourner les yeux? Qui a pu s'en assouvir et s'en repaître?

Cependant la reine, conduite par les mages, passa au milieu des deux rangs de poteaux auxquels pendaient les membres de ces saintes; et toute l'armée passa après elle. Ces martyres remportèrent leur couronne le cinq de la lune du mois de mai (1).

(1) Le *Martyrologe romain* ne nomme qu'une sœur de saint Siméon, et rapporte au 22 avril le martyre de ces saintes. « Martyre de plusieurs vierges, parmi lesquelles une sœur de saint Siméon, évêque, nommée Tarbula, ainsi que de sa servante, qui, attachées à des pieux et sciées par le milieu du corps, souffrirent une mort cruelle. »

MARTYRE

DES SAINTS MILLES, ÉVÊQUE DE SUZE; ABROSIME, PRÊTRE, ET SINA, DIACRE

(L'an 341 de J.-C.)

Saint Milles naquit au pays des Razichites. Il passa sa jeunesse à la cour; mais Dieu ne voulait pas laisser plus longtemps dans la fange ce vase d'élection, et le fit entrer dans les rangs de la milice du Roi du ciel. Purifié dans les fonts sacrés, et rempli de l'effusion du Saint-Esprit, Milles apprit à se préserver des souillures du corps, à se conserver chaste et pur, à dompter sa chair par les jeûnes et les veilles, à marcher enfin avec fidélité sur les traces de Jésus-Christ.

Telle était la sainte vie du bienheureux Milles, quand la Providence fit choix de lui pour l'accomplissement des plus grandes œuvres. Dévoré d'un feu sacré, et n'en pouvant contenir les ardeurs, il résolut d'abandonner son pays, et de suivre l'attrait divin qui le poussait à travailler au salut des âmes. Dans ce dessein, il quitta Lapeta, sa patrie, et vint à la ville d'Élam, qui n'était pas éloignée de Suze. Là, par des entretiens particuliers, par des discours publics, il s'appliquait à porter les âmes à la vertu, et à les détourner des vices. On ne pourrait croire combien de fatigues il essuya, combien de persécutions il souffrit dans ces exercices de zèle. Cependant, dans le but d'être plus utile à l'Église, il se laissa promouvoir à la dignité épiscopale (1), après avoir reçu les ordres inférieurs, et Gadiales, évêque de Lapeta,

(1) Le martyrologe de Basile Porphyrogénète dit que saint Milles fut évêque de la ville où le prophète Daniel eut ses visions, de Suze par conséquent.

qui souffrit dans la suite le martyre, lui imposa les mains. Il passa trois années entières dans d'immenses travaux et des privations de toutes sortes, et, loin de réussir selon ses désirs à procurer la gloire de Dieu, il fut cent fois traîné par les rues et les places publiques, et enfin jeté à demi mort hors de la ville. Le saint homme souffrait avec un courage admirable ces indignes traitements ; cependant, voyant tous les habitants adonnés au culte des idoles et aux superstitions des mages, et désespérant de les éclairer, il résolut d'abandonner cette ville, et d'exercer son zèle ailleurs. On dit que le saint évêque, en sortant de Suze, lui annonça la vengeance divine. « Malheureuse cité, dit-il, la bonté de Dieu t'offrait l'occasion de changer ton sort, et de t'élever à la plus haute prospérité ; tu ne l'as pas voulu ! tu as foulé aux pieds cette grâce ! Eh bien, le jour approche ! un ennemi cruel t'apporte une complète destruction, tes édifices superbes seront renversés, tes habitants fugitifs s'en iront demander à la terre étrangère un asile incertain. »

Il y avait trois mois à peine que ces paroles menaçantes avaient été dites, quand pour punir une conspiration des principaux citoyens de Suze, le roi Sapor y envoya une armée avec trois cents éléphants : les édifices furent rasés, les habitants égorgés, toute la ville dévastée ; on y fit passer la charrue, et maintenant c'est une plaine qu'on laboure et qu'on ensemence.

Cependant saint Milles, n'ayant rien autre chose que le livre des Évangiles, s'en alla à Jérusalem. De là il se rendit à Alexandrie pour voir Ammonius, disciple d'Antoine, chef des *Pleureurs* (1), ou solitaires. Il y passa deux ans à visiter

---

(1) Il y a dans le texte latin que nous traduisons *Lugentes, en deuil.* Les solitaires étaient ainsi appelés en Orient, à cause de la couleur noire de leurs habits. Il ne faut pas les confondre avec les *Flentes, Pénitents,* à qui l'entrée de l'église, d'après les anciens *canons* pénitentiaux, était interdite, et qui se tenaient pleurant à la porte.

les moines du désert; puis il retourna en Perse. De là il passa à Nisibe.

Saint Jacques, évêque de cette ville, y faisait alors bâtir une église. Milles, également charmé, et du grand esprit de l'évêque, et de la beauté de son édifice, demeura quelque temps avec lui; et, étant passé de là dans la province d'Habiade, il envoya à Jacques en présent une grande quantité de soie, pour contribuer aux frais de la construction de son église.

Quelque temps après, il alla en Syrie, et trouva l'Église de Séleucie et de Ctésiphon déchirée par un schisme. Papas, évêque de cette Église, était la cause principale de cette déplorable division. Homme fier et arrogant, il regardait avec hauteur les évêques assemblés pour juger sa cause, et traitait avec une extrême dureté les prêtres et les diacres de son Église. Milles osa adresser publiquement des reproches à cet homme odieux à tous : « Qu'ont donc fait tes frères, lui dit-il, pour agir ainsi à leur égard, pour les traiter avec tant de mépris, de haine et de violence? Te crois-tu un dieu? N'est-il pas écrit : *Que le premier parmi vous soit votre serviteur.* » Papas lui répondit : « Est-ce à toi, insensé, de me faire cette leçon, et penses-tu m'apprendre quelque chose? » Alors Milles, tirant d'un étui le livre des saints Évangiles, le posa sur un coussin, et regardant Papas : « Si tu dédaignes de recevoir une leçon de moi, qui ne suis qu'un homme, n'aie pas honte au moins d'en recevoir de l'Évangile du Seigneur, que je mets sous tes yeux, puisque l'œil intérieur de ton âme est aveugle sur ses commandements. » Papas, transporté de colère, osa porter une main impie sur le saint livre, en disant : « Parle, parle donc, Évangile. » Milles, effrayé de ces paroles, accourt, prend l'Évangile dans ses mains, le baise avec respect, et le porte à ses yeux; puis, en présence de tout le peuple, il dit à haute voix à Papas : « Puisque, insolent, tu t'es porté à de tels excès contre les paroles de vie de Notre-Seigneur, à l'instant même son ange, qui est ici, va te dessécher la moitié du corps pour inspirer une terreur salutaire à tous ; tu ne mourras pas cependant, tu continueras de vivre, pour être un effrayant exemple des châtiments célestes. » Au même moment Papas, frappé de Dieu, fut paralysé d'une moitié de son corps, et, tombant sur l'autre côté, il y resta dans d'incroyables douleurs jusqu'à sa mort, qui eut lieu douze ans après. Cet événement frappa de terreur tout le peuple (1).

Saint Milles se retira ensuite dans le pays de Maïsan, et alla demeurer avec un ermite. Le seigneur du lieu, qui depuis deux ans était gravement malade, l'ayant appris, envoya un de ses serviteurs prier le saint évêque de daigner le venir voir. « Retournez, répondit le saint homme au serviteur, entrez dans la chambre de votre maître, et dites à haute voix : Voici ce qu'a dit Milles : Au nom de Jésus de Nazareth, soyez guéri ; levez-vous et marchez. » Le serviteur obéit, et le malade à l'instant même obtint une guérison parfaite, et il se hâta d'aller trouver le saint évêque avec tous les habitants de la contrée, pour en rendre à Dieu de solennelles actions de grâces. Ce miracle convertit plusieurs païens à la religion chrétienne.

Il y avait dans le même pays un jeune homme qui, depuis son enfance, était possédé d'un malin esprit : Milles, s'étant mis en prière, et ayant fait sur le possédé le signe de la croix, le délivra. Il opéra là encore plusieurs miracles pour procurer la gloire de Dieu.

Quelque temps après, il retourna dans la province des Razichites, son pays natal. Une noble dame, qui depuis neuf ans souffrait d'une cruelle infirmité et avait perdu l'usage de tous ses membres, apprenant la présence en ces lieux du grand serviteur de Dieu, se fit porter par ses esclaves à sa

(1) Papas eut pour successeur sur le siége de Séleucie et de Ctésiphon saint Siméon Bar-Saboé, dont nous avons raconté plus haut le glorieux martyre.

demeure. Milles regarda cette femme, et vit qu'elle osait à peine demander sa guérison, n'espérant pas pouvoir être délivrée de son mal. « Voulez-vous, lui dit-il, croire au seul vrai Dieu, et espérer de lui votre guérison ? — Oui, dit-elle, je crois au seul et unique Dieu. » Alors saint Milles, après avoir fait une courte prière, prit la main de la dame, et lui dit : « Au nom du Dieu en qui vous avez cru, levez-vous et marchez, et bénissez-le de votre entier rétablissement. » Ainsi parla le serviteur de Dieu, et aussitôt la dame fut guérie; ses forces revinrent, la paralysie cessa, et elle retourna toute seule à sa maison, sans le secours de ses esclaves. Ce miracle excita, parmi les habitants de cet endroit, une admiration et une joie universelles.

Racontons encore un prodige non moins éclatant opéré par le saint dans le même lieu. Deux hommes vinrent le trouver. L'un d'eux accusait l'autre de vol, et lui demandait de prouver son innocence par le serment; celui-ci avait accepté la condition. Milles l'avertit de ne pas commettre de parjure. « Gardez-vous, mon fils, lui disait-il, de tromper votre frère, et de prendre Dieu à témoin d'un mensonge. » Mais l'impie, se souciant peu de l'avertissement du saint évêque, ne craignit pas de faire un faux serment. Alors Milles, le regardant fixement : « Si tu as pris Dieu à témoin de la vérité, lui dit-il, retourne sain et sauf à ta maison; mais si tu es parjure, sois, comme Giézi, frappé de lèpre, et publiquement confondu. » Et aussitôt le parjure fut couvert d'une lèpre si affreuse, que tous les habitants en furent épouvantés, et qu'un grand nombre, abjurant le culte des idoles, se firent instruire dans la religion chrétienne.

L'évêque fugitif passa de là en d'autres pays. Deux moines l'accompagnèrent dans ce voyage. Après qu'ils eurent fait assez de chemin, un torrent leur barra le passage. Ils attendirent tout un jour pour voir si les eaux n'allaient pas décroître, ou s'ils ne trouveraient pas un gué; mais ce fut en vain. Alors saint Milles conseilla à ses deux compagnons de s'en retourner à leur monastère; et leur dit adieu. Ceux-ci firent semblant de partir et se tinrent cachés, pour observer ce que le saint allait faire, et comment il passerait le torrent : ils le virent d'abord prier debout avec ferveur, et puis, sans ôter sa chaussure, se confier au courant, et, marchant avec confiance sur les eaux, gagner sain et sauf l'autre rive.

Arrivé au village prochain, il se trouva qu'on y accusait un diacre d'un crime énorme. Saint Milles lui adressa, au milieu même de l'église, une charitable exhortation : « Si vous êtes coupable, de cette faute, mon fils, avouez-le, et mettez-vous en devoir d'apaiser Dieu par la pénitence : Dieu est miséricordieux, et il vous pardonnera; mais gardez-vous, si vous n'êtes pas pur, de le servir à l'autel : vous provoqueriez sa juste colère. — Seigneur, répondit le diacre avec assurance, prenez garde de ne pas vous rendre criminel vous-même, en vous faisant complice d'une accusation qui n'est qu'un impudent mensonge et une odieuse calomnie contre moi. » Ayant dit cela, il prit hardiment le livre des Psaumes, et monta en chaire pour chanter. Mais tout à coup on vit sortir du sanctuaire une main qui vint frapper la bouche du diacre impur : le malheureux tomba mort à l'instant. Tous les spectateurs furent saisis de frayeur.

Le saint opéra encore un autre miracle. On lui amena un pauvre jeune homme qui avait, depuis son enfance, les pieds et les jambes tellement contournés, qu'il ne marchait pas, mais rampait à terre sur les genoux. Le saint évêque le prit par la main, et le guérit par ces paroles : « Au nom de Jésus de Nazareth, lève toi et marche. » Et sur-le-champ ses pieds et ses jambes reprirent leur forme naturelle. Ce jeune homme avait vingt ans.

Mais nous ne pouvons raconter toutes les guérisons merveilleuses, tous les prodiges manifestement divins opérés par le serviteur de Dieu. Ceux-mêmes dont nous avons parlé, nous n'avons fait que les rappeler sans nous y étendre. Nous avons hâte d'arriver au plus illustre de ses miracles, à celui qui les couronna tous, le miracle de son martyre, le glorieux témoignage du sang qu'il rendit à Jésus-Christ.

Tandis que le bienheureux Milles procurait ainsi la gloire de Dieu, Hormisdas, gouverneur de la province, homme superbe et violent, irrité d'entendre dire que l'apôtre faisait des disciples, le fit arrêter et conduire à Maheldagdar, capitale de la satrapie. Deux de ses disciples, le prêtre Abrosime et le diacre Sina, furent arrêtés avec lui. On les emprisonna tous les trois, on leur fit subir deux flagellations sanglantes, et on voulut les forcer de sacrifier au soleil. Ils se moquèrent du tyran, montrèrent dans les tourments une constance inébranlable, et ne cessèrent de louer Dieu.

Tandis qu'on les tenait dans les cachots en attendant le jour du supplice, on ordonna à Hormisdas, pour le premier jour de l'année, les préparatifs d'une grande chasse dans les montagnes. Hormisdas, ravi, fit amener les trois martyrs chargés de chaînes. Quand ils furent conduits devant lui, le tyran, prenant un ton moqueur, demanda à saint Milles : « Qui es-tu, toi? un dieu, ou un homme? Quelle est ta religion? Quelles sont tes croyances? Voyons, expose-les devant nous, rends-nous témoins de ta sagesse, afin que nous devenions aussi tes disciples. Autrement, si tu veux nous cacher ta secte, sois sûr d'être tué ici même, et sur-le-champ, comme ces bêtes. »

Le saint évêque, comprenant l'intention de ces paroles, lui répondit : « Je suis un homme, et non pas un dieu ; quant aux vérités de ma religion, on n'en parle qu'avec un respect profond, et on n'en confie pas à des oreilles impures les saints mystères. Écoute cependant le seul mot que je vais te dire : Malheur à toi, tyran impie et cruel, et à ceux qui, comme toi, sont les ennemis de Dieu et de son Église! ce Dieu, dans le siècle à venir, vous jugera, et il vous prépare le feu, les ténèbres éternelles, et des grincements de dents, parce que, tenant de sa bonté vos biens et vos richesses, loin de vous en montrer reconnaissants, vous vous servez de ces biens mêmes pour l'outrager. »

A ces paroles, Hormisdas, hors de lui, s'élance de son tribunal, et, tirant le poignard qu'il portait à sa ceinture, il l'enfonce dans le flanc du martyr. Narsès, frère du tyran, transporté d'une égale fureur, lui perce aussi de son poignard l'autre côté. L'illustre martyr du Christ tombe expirant ; mais, avant de mourir, il déclara aux deux frères ses meurtriers leur destin terrible : « Puisque votre amour fraternel, vous unissant pour le même crime, vous a fait répandre à tous deux le sang innocent, demain, à la même heure, en ce même lieu, votre propre sang coulera de vos propres mains, et les chiens viendront lécher ce sang, et les oiseaux de proie viendront manger vos chairs, et le même jour votre mère pleurera deux enfants, et vos deux épouses seront veuves. »

Pendant qu'on traitait ainsi saint Milles, Abrosime et Sina étaient conduits sur le haut de deux collines, et placés l'un en face de l'autre : là, les satellites du tyran les lapidèrent.

Hormisdas passa la nuit en ce lieu, et le lendemain, au point du jour, les bêtes s'étant montrées en grand nombre, il se mit à les poursuivre avec ardeur, sans se souvenir des menaces du saint. Et à l'heure même où le martyr avait été frappé, la vengeance divine atteignait les deux frères. Excellents chasseurs, également habiles à manier l'arc et le javelot, ils s'élancèrent l'un et l'autre des deux côtés opposés de la montagne à la poursuite d'un cerf échappé des rets, et, lançant leurs traits à la fois, ils se percèrent mutuellement; ils tombèrent donc tous deux au lieu même où ils avaient tué saint Milles. Ce châtiment remplit d'épouvante toute la contrée. Les corps des deux frères devinrent la proie des oiseaux et des animaux carnassiers; car c'est la coutume en Perse de laisser les cadavres inhumés jusqu'à la consomption des chairs, et de n'ensevelir que les os.

Les corps des trois martyrs furent recueillis la nuit suivante et portés au château de Malcan, où on leur éleva un tombeau. Ce tombeau fut illustré par un grand miracle. Les Arabes sabéens, qui faisaient des incursions fréquentes sur ces terres, ne purent jamais, dans la suite, parvenir à piller le château : ce que les habitants attribuèrent, avec raison, à la protection des saintes reliques.

Saint Milles et ses compagnons souffrirent le martyre le treizième de la lune de novembre (1).

---

(1) Le *Martyrologe romain* place le 22 avril le martyre de saint Milles : « Dans ce combat de la foi, souffrit l'évêque Milles, célèbre par sa sainteté et ses miracles. »

MARTYRE

DE SAINT SCIADUST, ÉVÊQUE DE SÉLEUCIE ET DE CTÉSIPHON
ET DE CENT VINGT-HUIT AUTRES MARTYRS, SES COMPAGNONS

(L'an 342 de J.-C.)

Sciadust succéda à Siméon dans l'épiscopat de Séleucie et de Ctésiphon. Une nuit, il eut une vision pendant son sommeil. Quand il fut éveillé, il assembla ceux de ses prêtres et de ses diacres qui étaient les plus versés dans les mystères de Dieu, et leur raconta sa vision en ces termes : « Il me semblait, pendant mon sommeil, voir une échelle merveilleuse qui touchait au ciel. Siméon, radieux, était au sommet; il me regardait et me disait : « Allons, Sciadust, monte, ne tremble pas; je montai hier, c'est ton tour aujourd'hui. » Éveillé par cette vision, je crus comprendre, je me persuadai même que la volonté divine était que je suivisse le bienheureux Siméon dans son martyre. Quant à cette parole : « Je montai hier, c'est ton tour aujourd'hui, » il me semble qu'elle signifie que comme Siméon a souffert le martyre l'année dernière, je dois le souffrir cette année. » Après cela, pour animer ses compagnons au martyre, il leur rappela ces paroles de l'Apôtre : *Fortifiez-vous dans le Seigneur et dans la vertu de sa puissance; revêtez-vous des armes de Dieu;* et ces autres : *En faisant ainsi, vous brillerez parmi les hommes, comme des lumières; vous garderez en vous le verbe de vie.* Il ajoutait encore : « C'est une honte de s'effrayer aux approches de la mort, et de trembler à son aspect. Il est beau de s'exposer en combattant; ceux qui veulent se tenir hors de la portée du trait courent risque de passer pour des lâches. C'est pour Jésus-Christ et notre sainte foi que nous sommes persécutés. Ainsi donc, pendant qu'on nous prépare la guerre, pendant qu'on aiguise le glaive qui nous doit égorger, tenons-nous prêts à gagner notre couronne, et tandis que le jour luit encore dans l'horreur de cette nuit, pressons le pas, hâtons-nous d'arriver au royaume céleste, à l'éternelle félicité. Cependant je vous supplie, je vous conjure de m'aider dans cette difficile affaire par vos instantes prières auprès de Dieu, afin que cette bienheureuse couronne qu'une vision vient de m'annoncer, il me soit donné de l'obtenir. »

Quelle ardeur, quelle allégresse pour mourir dans ceux que l'Esprit de Dieu poussait! Au contraire, quelle crainte dans ceux qui n'écoutaient que l'instinct de la nature! Les uns couraient au-devant de la mort, qui devait, c'était leur espérance, faire place à la bienheureuse vie; les autres, faibles et lâches, l'évitaient, tremblaient, se cachaient, pour prolonger leurs jours ici-bas. Ceux que le saint amour de Dieu consumait se hâtaient de quitter cette prison du corps, pour s'envoler au plus tôt vers Dieu; ceux que le fol amour de cette vie enchaînait ne cherchaient qu'à la conserver. Ainsi, ceux-là choisissaient les délices de l'éternelle vie, ceux-ci les misères de la vie mortelle.

Ainsi donc, la seconde année de la persécution, Sapor, se trouvant à Séleucie, fit arrêter Sciadust, homme d'une gravité et d'une pureté de mœurs remarquables, et non moins vénérable par sa foi et sa piété. Son nom signifiait *l'ami du roi*, et c'était bien son nom; car il aimait de toute son âme le Roi, le Roi du ciel. On prit en même temps à Séleucie, et dans les lieux voisins, cent vingt-huit chrétiens, prêtres, diacres, simples clercs, et vierges consacrées à Dieu. Ils furent tous jetés dans une affreuse prison, et gardés cinq mois entiers, jusqu'au jour du supplice. Pendant ce temps, on les tira trois fois de la prison pour les mettre à la question; on les étendit sur le chevalet, on les déchira de coups, on leur fit souffrir toute espèce de torture; ils refusèrent toujours d'adorer le soleil. Les juges, au nom du roi, leur promettaient leur grâce et leur liberté, s'ils y consentaient. Sciadust, au nom de tous les confesseurs, fit cette généreuse réponse : « Allez dire ceci à votre maître : Nous avons tous une même foi et une même inébranlable résolution. Nous proclamons un seul Dieu, et ce Dieu, nous le servons de tout notre cœur; mais le soleil et le feu, ces choses qu'il a créées pour notre usage, n'espérez pas nous les faire adorer jamais, n'espérez pas nous faire trahir notre loi sainte. Toutes vos menaces sont inutiles; vous ne nous réduirez pas par la peur. Aiguisez vos glaives, nous vous présentons nos têtes; multipliez vos tortures, nous vous livrons notre vie : hâtez-vous de la prendre, c'est notre désir. Un jour, une heure semblent longs à notre impatience. »

Le roi répondit : « Si sur-le-champ vous n'obéissez à mes ordres, cette heure sera la dernière pour vous. » Les martyrs s'écrièrent d'une voix unanime : « La vie qui nous attend en Dieu et dans le Christ, vous ne savez donc pas que vous ne pouvez nous l'arracher? Le Christ, après notre mort, nous rappellera à la vie, et, de mortels que nous sommes, nous rendra immortels. Préparez, si vous voulez, vos supplices les plus affreux; nous serons toujours pleins d'allégresse quand il faudra mourir pour Jésus-Christ. Au reste, nous l'avons cent fois répété, vous ne nous ferez jamais adorer le soleil. »

Le roi les condamna tous au dernier supplice. Mais les martyrs, dès qu'ils eurent connaissance de cette sentence, quand ils se virent aux mains des bourreaux et conduits à la mort, pleins d'une sainte allégresse, se mirent à chanter ce cantique : *Jugez notre cause, Seigneur, et vengez-nous de ce peuple cruel; arrachez-nous des mains de ces hommes de sang.* Arrivés au lieu du supplice, hors de la ville, ils s'exhortaient les uns les autres : « Gloire à Dieu, disaient-ils, qui nous fait la grâce du martyre, qui nous accorde cette couronne si désirée ! Gloire à Jésus-Christ, qui nous tire des misères de ce siècle pour nous attirer à lui, qui nous purifie dans notre sang pour nous rendre dignes de sa présence ! » Leurs chants ne cessèrent de se faire entendre que quand le glaive les eut tous frappés.

Ces saints martyrs reçurent leur couronne le vingtième de la lune de février. Sciadust ne mourut pas avec eux. On le conduisit, chargé de chaînes, à Lapeta, dans la province des Huzites : c'est là qu'il eut le bonheur d'avoir aussi la tête tranchée pour Jésus-Christ (1).

(1) Le *Martyrologe romain*, qui l'appelle Sadoth, place son martyre au 21 de février. « En Perse, naissance de saint Sadoth, évêque, et de cent vingt-huit autres, qui, sous Sapor, roi des Perses, ayant refusé d'adorer le soleil, gagnèrent, par une mort cruelle, de glorieuses couronnes. »

MARTYRE

DE SAINT BARSABIAS (1), ABBÉ, ET DE DIX DE SES COMPAGNONS, ET D'UN MAGE

(L'an 342 de J.-C.)

Vers le même temps que saint Milles cueillait la palme du martyre, on dénonça au préteur de la ville d'Astakara, Barsabias, abbé d'un monastère en Perse, qui avait dix moines sous sa conduite. « Cet homme, disaient les délateurs, en a entraîné un grand nombre dans l'erreur. C'est un magicien, qui veut substituer ses pratiques à la religion des mages. » Le préteur se le fit donc amener, lui et ses disciples, chargés de chaînes. On leur fit souffrir tout ce que les tortures ont de plus horrible; on leur broya les genoux, on leur cassa les jambes, on leur coupa les bras, le nez et les oreilles, et on les frappa rudement sur le visage et sur les yeux. Le juge féroce, furieux de voir que les martyrs non-seulement n'avaient pas succombé à ces affreux tourments, et n'avaient pas renié leur Dieu, mais qu'ils n'avaient pas même changé de visage, ordonna de les conduire hors de la ville, et de les mettre à mort. Ils furent traînés au lieu du supplice, suivis d'une multitude immense, et au milieu des soldats et des bourreaux ils ne cessèrent de chanter des hymnes et des cantiques.

Comme on commençait l'exécution, un mage qui sortait de la ville avec sa femme, ses deux enfants et plusieurs domestiques, vint à passer non loin de là. Apercevant le peuple attroupé, il fit arrêter sa suite, pour aller voir ce qui se passait. Il s'avance à cheval, précédé d'un serviteur, fend la presse, et pénètre tout près des martyrs. Le saint abbé fai-

---

(1) Ce saint est complétement inconnu à l'Église grecque et à l'Église latine. On ne le trouve mentionné dans aucun martyrologe.

sait entendre des chants pleins de douceur et d'harmonie, et non-seulement il encourageait ses compagnons à mourir, mais encore il les prenait par la main, et les présentait lui-même au bourreau. Ce spectacle frappait d'admiration le mage; mais, Dieu lui ayant alors ouvert les yeux, il vit une chose plus merveilleuse encore : une croix lumineuse brillait sur le front de chacun des martyrs immolés. A cette vue, le mage, soudainement converti, saute à bas de son cheval, change d'habits avec le serviteur qui l'avait suivi, et, s'approchant de Barsabias, lui raconte à l'oreille ce qu'il vient de voir, et ajoute : « Votre Dieu, sans doute, a voulu me choisir pour rendre aussi témoignage à votre foi. Je le confesse, ce Dieu, j'y crois de toute mon âme. Personne ici ne sait si je suis ou non de vos disciples. Prenez-moi donc aussi par la main, et présentez-moi aux bourreaux. Je sens le plus ardent désir de donner ma vie avec vous, qui êtes vraiment le peuple saint et fidèle. » Barsabias, frappé du signe miraculeux que Dieu avait fait voir au mage, le prend par la main, et le présente après le neuvième de ses compagnons aux bourreaux, qui lui coupèrent la tête sans le connaître. Le saint abbé fut décapité le dernier de tous. Ainsi, par l'adjonction du mage, douze martyrs furent couronnés ce jour-là. Leurs têtes furent suspendues dans le temple de Nahitis, ou Vénus (1), pour inspirer de la terreur au peuple; leurs corps furent abandonnés aux oiseaux et aux bêtes.

La belle action du mage ne tarda pas à être connue, et se répandit rapidement dans toute la province; elle excita la plus vive admiration, et convertit à la religion chrétienne un grand nombre de païens, et d'abord la femme du mage, ses enfants et ses domestiques, qui se hâtèrent de se faire instruire, reçurent le baptême, et demeurèrent toute leur vie fidèles à Dieu.

Le martyre que nous venons de raconter eut lieu le dix-septième jour de la lune de juin.

---

(1) Vénus était aussi adorée en Perse. Pausanias a décrit le culte impur qu'on lui rendait.

MARTYRE

DE SAINT NARSÈS, ÉVÊQUE, ET DE SAINT JOSEPH SON DISCIPLE, DE LA VILLE DE SCIAHARCADATA, PROVINCE DE BETH-CARMÉ (1), AINSI QUE DE VINGT AUTRES MARTYRS.

(L'an 343 de J.-C.)

La quatrième année de la persécution, Sapor, étant venu à la ville de Sciaharcadata, fit arrêter Narsès, évêque de cette ville, avec Joseph son disciple. Quand ils eurent été amenés devant lui, le roi ayant considéré Narsès, lui dit d'un air de compassion : « Vénérable vieillard, qui pourrait contempler sans respect et sans attendrissement tes cheveux blancs, et cette brillante jeunesse de ton disciple? En vérité, je me sens ému en pensant que tant de grâce et de beauté va être perdu, et qu'une mort affreuse va tous les deux vous détruire. Ainsi donc, croyez-moi, je suis votre ami, rendez-vous à mes conseils; je vous promets, si vous adorez le soleil, les plus grandes récompenses. Vous m'inspirez, je vous l'avoue, le plus tendre intérêt.

— Vos flatteuses paroles, répondit Narsès, sont loin de nous être agréables : par cet insidieux langage, vous voudriez nous séduire, et nous faire échanger les biens que nous avons acquis dans le Seigneur, pour les biens fragiles et périssables de ce siècle. Vous mettez toute votre gloire et toutes vos espérances dans ces biens, et vous ne savez pas que tout cela n'est qu'un songe qui se dissipe au réveil, une rosée qui s'évanouit au matin ; pour moi, je suis plus qu'octogénaire, j'ai passé toute ma vie dans le service de mon Dieu, et la suprême prière que je lui adresse maintenant, c'est de persévérer jusqu'à mon

(1) En Assyrie.

dernier soupir dans son amour, et de n'avoir jamais le malheur d'abandonner son saint culte pour adorer le soleil sa créature.

— Savez-vous, dit le roi, que si vous n'obéissez, je vous ferai mettre à mort? — Prince, dit Narsès, écoutez. Si, après nous avoir arraché la vie, vous pouviez nous la rendre et nous l'arracher encore, et cela jusqu'à sept fois sept fois, nous choisirions la mort plutôt que l'apostasie. » Après cette réponse, le roi les condamna à mort, et les fit conduire au supplice, hors de la ville. Une multitude immense les suivit, pour assister à leur martyre. Arrivés au lieu de l'exécution, Narsès promenait tranquillement ses regards sur la foule, et Joseph, son disciple, lui disait : « Pourquoi, mon père, regardez-vous cette multitude? Voyez-vous aussi comme elle vous regarde? On dirait qu'elle attend que vous lui donniez, comme de coutume, le signal de se retirer, pendant que vous allez regagner vous-même votre demeure. »

Le saint vieillard, le visage radieux de joie, regardait son cher disciple et lui disait en l'embrassant : « Que tu es heureux, pieux et innocent Joseph, d'avoir échappé à tous les piéges de ce monde! Aujourd'hui tu peux t'en aller joyeux frapper à la porte du royaume céleste! » Comme il disait cela, Joseph présentait sa tête au glaive. Le saint vieillard eut aussitôt après le même sort. C'était le dixième jour de la lune de novembre.

Jean, évêque de Beth-Séleucie, fut également mis à mort par Ardascirus, gouverneur de la province d'Hadiabe.

Un autre martyr, Saporès, aussi évêque dans le pays de Beth-Séleucie, mourut en prison par suite des privations et des souffrances. Quand les gardiens de la prison l'annoncèrent au gouverneur Ardascirus, celui-ci, craignant qu'ils ne voulussent le tromper, leur commanda de lui apporter sa tête, ce qu'ils firent.

Isaacius, évêque de la même contrée, fut lapidé à Nicatora ; des habitants qui n'avaient de chrétien que le nom, se laissèrent contraindre par le même Ardascirus à cette barbare exécution.

Isaac, prêtre d'un bourg nommé Hulsar, périt de la même manière, hors de la ville de Beth-Séleucie, par les ordres du préfet Adargusnasaphe.

Papa, prêtre d'un village appelé Helminum, fut aussi mis à mort par le gouverneur de la province.

Uhanam, un jeune clerc, fut lapidé par les femmes de Beth-Séleucie, sa ville natale. L'impie Ardascirus les y avait encore forcées.

Ajoutez à ces saints martyrs Guhsciatazade, aussi de Beth-Séleucie, et eunuque du satrape de l'Hadiabène. Ayant refusé d'obtempérer à l'édit du roi qui ordonnait d'adorer le soleil, le tyran le condamna à mort, et confia l'exécution de la sentence à Vartranes, prêtre apostat. Quand ce malheureux s'approcha du martyr, le martyr, saisi à son aspect, s'écria : « Quoi, un prêtre ! c'est un prêtre qui va me frapper ! » Mais se reprenant au même instant : « Je me trompe, dit-il, ce n'est pas un prêtre, c'est un apostat ! Achève, malheureux, toi à qui le sacerdoce a servi comme à Judas son apostolat. On voit bien que tu appartiens à Satan, puisqu'il se sert de toi pour ses œuvres. » Ainsi périt Guhsciatazade de la main criminelle d'un prêtre apostat.

D'autres martyrs étaient laïques, Sasannès, Marès, Timée et Zaron, de la petite ville de Lasciuma. Conduits chargés de chaînes dans la province des Huzites, ils scellèrent tous de leur sang leur glorieux témoignage à la foi chrétienne.

Une noble dame de la ville de Beth-Séleucie, Bahutha, fut mise à mort dans le même temps par l'ordre du préfet Adargusnasaphe, et après elle les vierges Thécla et Dunacha ; le gouverneur fit encore périr hors des murs de Beth-Séleucie, dans un camp appelé Hévara, Tatona, Mama, Mazachia et Anna, toutes vierges consacrées au Seigneur. La terre, arrosée de leur sang, produisit miraculeusement un figuier, qui fut dans la suite une occasion de salut pour plusieurs; longtemps après, les manichéens, à qui la mémoire de ces saintes vierges était odieuse, arrachèrent cet arbre. Cette impiété reçut son châtiment; elle attira une maladie contagieuse qui emporta un grand nombre de ces sectaires; et le prodige fut si manifeste, que les manichéens eux-mêmes n'attribuèrent le fléau qu'à cette profanation d'un lieu saint et vénérable.

D'autres vierges de la province de Beth-Carmé, Abiatha, Hatès et Mamlacha, furent mises à mort par ordre de Sapor, après avoir généreusement confessé la foi chrétienne.

ACTES

DE CENT VINGT MARTYRS, PARMI LESQUELS NEUF VIERGES CONSACRÉES A DIEU, LES AUTRES PRÊTRES, DIACRES ET CLERCS DE DIFFÉRENTS ORDRES.

(L'an 344 de J.-C.)

La persécution durait déjà depuis cinq ans. Sapor, qui faisait sa résidence à Séleucie, fit arrêter cent vingt chrétiens, parmi lesquels se trouvaient neuf vierges consacrées à Dieu; les autres étaient prêtres, diacres et clercs de différents ordres. On les jeta dans des cachots obscurs et infects, où ils restèrent jusqu'à la fin de l'hiver, c'est-à-dire pendant six mois entiers, dans une situation plus dure que la mort. Cependant, dans leur dénûment et leur détresse, une noble dame de la ville d'Arbelle (1), nommée Jazdondocte, ou *fille de Dieu,* vint à leur secours. Cette dame, qui était très-riche, nourrit les saints martyrs pendant tout le temps qu'ils furent en prison; et elle le fit avec tant de générosité et de zèle, que non-seulement elle ne les laissa manquer de rien, mais encore ne voulut partager avec personne ce pieux devoir.

Pendant la durée de leur captivité, les martyrs furent souvent mis à la question par les mages, et torturés de toutes les manières. Leur visage rayonnait au milieu des supplices, et quand on les menaçait de les faire expirer dans les tourments, s'ils n'adoraient le soleil, ils s'écriaient tous ensemble : « Serviteurs du vrai Dieu, du souverain créateur et maître de toutes choses, nous adorerions le soleil, une œuvre de ses mains, jamais ! Hâtez-vous de nous faire mourir, ce sera le

(1) C'est près de cette ville que le grand Alexandre remporta une victoire décisive sur Darius, dernier roi de l'ancienne monarchie des Perses.

comble de notre joie. La mort nous délivrera de vos insultes et de vos tortures, et nous conduira au port de l'éternel repos. »

Le jour fixé pour leur supplice approchait. Jazdondocte, en ayant eu avis secrètement, se rendit la veille à la prison, lava les pieds des saints martyrs, leur fit quitter leurs habits en lambeaux, et leur donna à chacun une robe blanche, comme pour un jour de noces. Puis elle leur offrit un grand festin, et les servit elle-même à table ; et, pendant le repas, elle les animait au martyre. « Allons, courage, leur disait-elle ; que la confiance en Dieu vous soutienne ; que ses magnifiques promesses, consacrées dans chaque page des saints Évangiles, vous animent ; que les exemples du Sauveur vous encouragent. Le Christ, quand il était sur la terre, a voulu souffrir les plus durs tourments ; c'est lui qui a ouvert les portes du martyre ; regardez son divin visage, mettez son image dans votre cœur, et vous ne craindrez pas les menaces de mort des ennemis de son saint nom. Pendant toute cette nuit, ne pensez qu'à cette grande affaire ; veillez, priez, chantez des cantiques. Ainsi vous obtiendrez de mourir glorieusement pour Jésus-Christ, votre seul amour ; vous mériterez de cueillir la palme du martyre. » Elle disait cela sans avoir cependant l'intention de leur déclarer qu'ils seraient mis à mort le lendemain. Mais eux, que son arrivée subite, et ses soins tout particuliers, avaient surpris, voulurent en savoir la cause. « Pourquoi, lui dirent-ils, nous avez-vous fait servir aujourd'hui un si beau repas, et mettez-vous tant d'insistance à nous rappeler notre devoir ? » La dame dissimula. « Laissez, dit-elle, je n'ai fait que remplir à votre égard un devoir bien doux. » Après cette réponse évasive, elle se retira. Le lendemain, au point du jour, elle était à la prison, et leur disait sans plus chercher de détours : « Vous n'avez plus maintenant qu'une seule chose à faire, c'est de lever au ciel vos mains suppliantes et d'implorer de tout votre cœur la grâce de Dieu.

Voilà le jour heureux qui doit vous donner la couronne, et vous faire entrer dans le ciel. Mais il vous faut auparavant livrer un rude combat sur la terre, et remporter sur l'ennemi un magnifique triomphe. Et puisque vous allez bientôt paraître devant Dieu, préparez-vous à subir pour lui une mort glorieuse, et à lui donner jusqu'à la dernière goutte de votre sang. Quant à moi, je ne vous demande qu'une chose, mais je vous la demande aussi ardemment qu'on peut la demander, c'est que vous m'obteniez d'aller vous retrouver un jour auprès de Dieu; car, si vous, qui n'avez aimé que lui sur la terre, et qui allez mourir aujourd'hui pour son amour, vous lui demandez qu'il me soit permis à la fin des temps d'habiter avec vous près de lui, vous m'aurez témoigné la plus grande reconnaissance qu'il soit possible. J'ai beaucoup péché, ma conscience me le dit assez ; mais si vous voulez être mes intercesseurs auprès de Dieu, j'ai la ferme confiance qu'il me fera miséricorde. »

Les prêtres lui répondirent : « Oui, nous espérons de la clémence et de la bonté de notre Dieu qu'il exaucera les prières que nous lui adresserons pour vous, et qu'il vous réservera une magnifique récompense en retour de tous les bons soins que vous avez pris de nous, pour son amour ; oui, il vous les rendra avec usure, et comblera vos saintes espérances. »

Le roi ordonna de procéder de très-bonne heure à l'exécution des martyrs. Quand ils sortirent de la prison, Jazdondocte, qui était à la porte, se prosterna à leurs pieds, et leur baisa respectueusement les mains. Ils traversèrent rapidement la ville. Arrivés au lieu du supplice, l'officier qui présidait à l'exécution leur promit leur grâce, s'ils consentaient enfin à adorer le soleil.

Les martyrs répondirent tous ensemble d'une voix haute et ferme : « Vous êtes doublement aveugle si vous ne voyez pas ceci : les coupables qu'on mène au supplice pâlissent et tremblent, et se revêtent d'habits lugubres ; mais nous, nous sourions à la mort, comme la fleur au matin, et nous prenons, non des habits de deuil, mais des habits de fête. Ainsi donc, bourreaux, faites-nous souffrir tout ce que vous voudrez, et aussi longtemps que vous voudrez; nous confesserons toujours le nom auguste du Créateur; nous n'adorerons jamais le soleil, divinité vaine. La crainte ne peut rien sur nous; nous ne reconnaissons pas les ordres de votre maître, puisque nous serions criminels en les suivant. La mort est l'objet de nos vœux; par elle nous arriverons à une vie immortelle, et que vous ne nous ravirez jamais. » Alors les bourreaux reçurent ordre de les frapper; les martyrs présentèrent gaiement leur tête au glaive, et reçurent tous la couronne.

A l'entrée de la nuit, Jazdondocte eut soin de faire recueillir leurs corps, et, pour éviter la colère des mages, elle les fit transporter à une assez grande distance de la ville, et enterrer cinq par cinq dans des fosses profondes.

Ils furent mis à mort le sixième jour de la lune d'avril (1).

(1) Ces saints martyrs, dont personne ne nous a transmis les noms, sont honorés dans l'Église grecque et dans l'Église latine; le *Martyrologe romain* les mentionne au 6 avril.

MARTYRE

DE SAINT BARBASCEMIN (1), ÉVÊQUE DE SÉLEUCIE ET DE CTÉSIPHON
ET DE SEIZE AUTRES

(L'an 345 de J.-C.)

Au commencement de la sixième année de la persécution, Barbascemin, évêque de Séleucie et de Ctésiphon, fut accusé auprès du roi. « Il y a, disait-on, un homme orgueilleux et impie, qui ne cherche qu'à détourner de nos pratiques et à ruiner notre culte, et qui pousse l'audace jusqu'à blasphémer l'eau et le feu que nous adorons. — Le nom et la profession de ce téméraire? dit le roi. — C'est le fils de la sœur de Siméon Bar-Saboé, chef des chrétiens à sa place. » Le prince, frémissant de colère, ordonna de l'amener devant lui ; on l'arrêta avec seize chrétiens, dont quelques-uns étaient revêtus du sacerdoce, les autres diacres et clercs que la persécution avait rassemblés de différents lieux autour de leur évêque. Le roi, jetant sur Barbascemin un regard sévère, lui dit : « Homme audacieux et digne du dernier supplice, tu as eu l'impudence, au mépris de mes édits, de te faire chef d'un peuple que j'abhorre, et qui est l'ennemi de nos dieux ! Tu savais bien que c'est pour cela même que j'ai fait mettre à mort Siméon qui m'était si cher.

— Prince, répondit Barbascemin, nous ne pouvons, nous chrétiens, nous soumettre à vos édits, quand ils sont directement contraires à notre religion. Nous qui ne voudrions pas

---

(1) Les actes, le nom même de ce glorieux martyr ne se retrouvent dans aucun martyrologe grec ou latin.

transgresser une seule lettre de notre loi, comment pourrions-nous l'enfreindre dans ce qu'elle a de capital?

— Ton âge, je le vois bien, dit le roi, t'a fait perdre la raison, puisque tu cours volontairement à la mort. Eh bien, puisque tu la cherches, tu la trouveras, et aujourd'hui même le neveu périra comme son oncle, et en entraînera un grand nombre dans sa perte.

— Non, répondit Barbascemin, je ne hais point la vie, je ne cherche point la mort; je veux seulement professer librement ma religion, et vivre conformément à ma croyance. Mais quand vous abusez de votre puissance pour nous concontraindre à embrasser vos erreurs, à une telle condition je préfère la mort. Car cette mort n'est pas la fin de la vie, mais le commencement d'une vie meilleure, et, loin d'être un malheur pour moi, elle changera mes joies éphémères d'ici-bas en d'éternelles délices. Dieu donc me préserve d'abandonner jamais ma foi sainte, et de m'écarter d'un seul pas des voies du bienheureux Siméon mon maître! »

Le roi ne put contenir sa colère, et prenant à témoin le soleil, son dieu, il s'écria : « Je détruirai votre secte, j'en ferai disparaître les dernières traces! « Barbascemin, souriant à ces paroles, lui répondit : « Vous attestiez tout à l'heure le soleil, mais vous n'auriez pas dû oublier l'eau et le feu, puisqu'ils sont dieux aussi bien que cet astre; et vous auriez dû aussi implorer leur secours pour nous anéantir. » La fureur du roi fut à son comble, en voyant un homme si peu effrayé de ses menaces de mort, qu'il osait encore le railler. « Tu as donc bien envie de mourir, lui dit-il, que tu cherches à m'irriter pour avoir une mort plus prompte? Mais combien tu t'abuses! Tu veux la fin de ta peine, moi je veux ta peine elle-même. Tu auras avant de mourir à lutter longtemps avec toutes les horreurs de la prison, afin que les hommes de ta secte, en voyant tes maux et ta fin misérable, fléchissent, et apprennent à redouter la vengeance des lois. »

Ayant dit cela, il fit mettre aux fers, et jeter dans une étroite prison tous les confesseurs. Ils y restèrent depuis février jusqu'aux ides de décembre, presque une année. Pendant ce temps, ils eurent à souffrir, de la part des mages, mille vexations, des coups de bâton, des flagellations fréquentes, toutes les horreurs de la faim et de la soif. Le séjour de cette prison, leurs privations de toute espèce, et leurs tourments répétés, les avaient si horriblement défigurés, que leur visage était devenu pâle et livide comme celui des morts, et leur corps d'une maigreur effrayante.

C'est dans ce triste état que, vers la fin de l'année, Barbascemin et ses compagnons furent amenés chargés de chaînes devant le roi, à Lédan, dans la province des Huzites, et appliqués de nouveau à la torture. Le roi présidait et voulut les interroger lui-même. « Insensés, leur dit-il, qui courez sciemment à la mort, après tout ce que vous avez souffert serez-vous encore aussi audacieux? Ouvrez les yeux, il en est temps encore; considérez la fin misérable des hommes de votre secte qui ont péri les premiers entre les mains des bourreaux; ils espéraient, les insensés, de vivre éternellement et d'arriver à je ne sais quel empire qui ne finirait point. Vous voyez combien leur espérance était vaine : car sont-ils revenus à la vie? Ayez honte d'imiter une pareille folie, et de vous attirer une mort certaine; examinez, et prenez le seul parti raisonnable. Si vous vous soumettez aux édits, comptez sur les plus hautes récompenses; toi en particulier, Barbascemin, si tu adores le soleil, tu t'élèveras aux plus grands honneurs, et je t'en donne dès aujourd'hui un gage. » En disant cela il tendit à Barbascemin mille pièces d'or, et une magnifique coupe aussi en or; et il ajouta : « Reçois ces présents que j'ai voulu te faire ici, en présence de tout le monde, pour qu'on apprenne à t'imiter; mais ce n'est qu'en attendant les emplois publics, et une satrapie que je te réserve. »

L'évêque fit cette réponse : « Quels sentiments avez-vous donc conçus de moi, pour avoir pu vous flatter que ces misérables hochets, ces honneurs, ces fleurs d'un jour me feraient abandonner le Dieu immortel, dont la puissance a créé toutes choses, et fera, quand elle le voudra, rentrer toutes choses dans le néant ? Ce n'étaient pas ces bagatelles qu'il fallait m'offrir, ô roi, c'était tout votre empire, et tout votre empire ne m'aurait pas plus tenté.

— Prends garde, reprit le roi, par pitié pour toi et pour tes compagnons, prends garde ; au refus de mes bontés si tu ajoutes l'insolence, tu n'aboutiras qu'à me faire remplir ton désir et le mien, en te faisant mourir d'abord, ensuite en exterminant toute la race odieuse et exécrable des chrétiens.

— Le Dieu vengeur, répondit le saint martyr, au dernier jour du monde, quand tous les morts paraîtront tremblants devant lui, me le reprocherait. Insensé, me dirait-il, des bagatelles t'ont séduit ! Tu as couru après des vanités ! Tu m'as préféré l'or que le roi Sapor ne tenait que de moi ! Au surplus, ô roi, sachez que ma foi m'offre un refuge assuré contre votre colère. Mais vous, prince injuste et tyrannique, consommez votre crime, déployez ces instincts féroces que tant de meurtres n'ont pu assouvir ! C'est assez de paroles, allons, les tortures maintenant. »

Le roi lui dit : « Jusqu'ici je t'avais cru sage, et dans mes paroles et dans tous mes procédés j'observais des égards ; je vois maintenant, mais trop tard, que tu es bien différent de ce que je croyais, tu es un aveugle, un fou, un fanatique ; je vois qu'on essaie en vain toutes les voies de douceur auprès de cette race des chrétiens ; qu'il faut apporter à des maux si profonds des remèdes violents, et vous apprendre, par des châtiments terribles, comment on gouverne les hommes, comment on les fait rentrer dans le devoir.

— Ou plutôt, prince, répondit Barbascemin, jugez de la sagesse des chrétiens par leur courage à mourir pour leur

Dieu, et par la fière obstination qu'ils opposent à leurs tyrans ; car nous sommes humbles, mais fiers quand il le faut. Tout à l'heure, quand nous rappelions à la foule la caducité et le néant des choses humaines, et à vous, grand roi, que vous étiez mortel comme le reste des hommes, vous sembliez goûter nos paroles, vous vous flattiez peut-être que, pris à ces appâts, nous oublierions la vie éternelle, notre seule espérance, et que, rejetant le vrai bien dont nous sommes en possession, nous tendrions la main à vos présents qui périront demain, ainsi que ce que vous appelez vos dieux : vous vous êtes trompé. »

Le roi fut très-irrité de ces paroles. « Il faut, dit-il, que je commande à tous mes préfets d'employer les armes contre les chrétiens, et de conspirer tous ensemble à leur entier anéantissement.

— Dans ce combat, répondit le martyr, la force invincible qui nous vient du Christ, notre Dieu, triomphera sans peine de vous et de vos soldats. Mais si vous croyez pouvoir noyer dans son sang la race des chrétiens, que votre espérance est vaine ! Jamais elle n'est plus féconde cette race choisie, que quand le fer la moissonne. Elle puise de nouvelles forces dans ses blessures mêmes, elle se multiplie sans mesure sous les coups de ceux qui veulent la détruire. Vous verrez qu'à cette guerre que vous entreprenez contre nous, vos forces ni votre courage ne suffiront pas. Chassez-nous de votre empire: une nouvelle patrie nous accueillera, où nous trouverons des hommes qui nous ressemblent et qui ont la même foi que nous. Vous, un jour, vous voudrez laver vos mains teintes de notre sang, mais vous ne le pourrez pas. Nos frères, les chrétiens que vous avez fait mourir, sont maintenant dans le paradis des délices ; les enfants, les vierges que vous avez immolés, règnent maintenant dans la gloire; mais vous, un autre sort vous est réservé, des pleurs, des grincements de dents, et des supplices dont vous ne verrez jamais la fin. »

Ces paroles jetèrent ce roi injuste et cruel dans la plus violente colère; et il l'exhala sur-le-champ dans un sanglant édit de proscription universelle. Tel l'aspic que gonfle sa rage, assiége tous les chemins, cherche sa proie les yeux étincelants, et répand partout, sur son passage, les flots d'un poison brûlant.

Telle était la teneur de cet édit : Quiconque m'est fidèle et s'intéresse au salut de mon empire, qu'il ne souffre sur le territoire de la Perse aucun chrétien sans le forcer à adorer le soleil, à honorer l'eau et le feu, et à se nourrir du sang des animaux. S'il refuse, qu'on le livre aux préfets pour être par eux appliqué aux tortures et mis à mort.

Saint Barbascemin et ses compagnons souffrirent le martyre la neuvième lune du mois de janvier (1). Après sa mort, le siége de Séleucie et de Ctésiphon resta vacant pendant vingt ans; la violence de la persécution et la crainte empêchèrent les chrétiens de faire une nouvelle élection.

(1) Saint Barbascemin et ses compagnons avaient été arrêtés au mois de février de l'an 345. Ils passèrent onze mois en prison, puis furent conduits à Lédan, où ils consommèrent leur martyre, au mois de janvier de l'année 346.

ACTES

DES MARTYRS QUI FURENT MIS A MORT EN DIVERS LIEUX PAR LES PRÉFETS
OUTRE CEUX QUI FURENT CONDAMNÉS AU TRIBUNAL DU ROI

(L'an 346 de J.-C.)

Vers le temps où l'évêque Barbascemin reçut la couronne du martyre, la persécution prit une nouvelle violence : l'Église fut désolée, les temples détruits, les saints mystères profanés. Alors les âmes fortes et généreuses s'animèrent encore, mais les âmes faibles et lâches fléchirent et apostasièrent; ceux qui étaient chancelants tombèrent; ceux qui étaient fermes dans la foi résistèrent avec plus de courage; les fervents poursuivirent leur œuvre avec plus d'allégresse; les tièdes ne cherchèrent qu'un honteux repos. Les bourreaux donc tirèrent le glaive contre les chrétiens fidèles, et se jetèrent sur leurs biens, comme sur une proie, croyant, par ces rapines, augmenter leurs richesses. Mais un jour la voix qui réveillera les morts les dépouillera, rendra aux martyrs leur patrimoine ravi, et les vengera de leurs persécuteurs.

Il est certain que cette recrudescence de la persécution fit dans tout l'empire une multitude de martyrs; toutefois le nom d'un très-petit nombre a été connu, c'est pourquoi il serait superflu de vouloir donner leurs actes en détail. Je sens d'ailleurs que tout ce que je pourrais dire serait bien court, eu égard à ce qu'ils ont souffert : tout récit serait insuffisant; car leurs tortures surpassent toute mesure. Comment d'ailleurs exposer en détail des martyres dont je n'ai pu être témoin oculaire, et dont je n'ai pu consulter les actes? On ne peut raconter ce qu'on n'a pu apprendre, on n'écrit pas une histoire sans des témoignages. Cependant je ne puis me taire sur ces glorieux soldats de Jésus-Christ, à qui il a été donné en même temps de combattre et de vaincre; car le martyre est une victoire, la fin des maux et des combats.

Mais quel langage sera digne d'eux? sous quelles images assez nobles les dépeindre? Je comparerais le livre qui contiendrait leur histoire à une belle plaine couronnée de hauts cèdres, ou à une prairie émaillée de fleurs odorantes; car leurs noms sont des fleurs d'un parfum suave pour les âmes pures, et les lettres de leurs noms des lis embaumés. Leur sang a coulé sur nos campagnes comme une rosée céleste; il nous a apporté la joie et aussi le deuil, de beaux jours mêlés à des jours sombres. Leurs reliques ont fécondé nos terres, leurs ossements sont devenus un fertile jardin. Leur champ a produit une moisson abondante, dont les gerbes ont enrichi les autels; leur troupeau fécond et nombreux a donné des agneaux pour l'holocauste. Le prêtre, c'était leur cœur; la victime, eux-mêmes; et le sacrifice, leur martyre.

Considérez combien cruelles furent leurs souffrances, mais combien douces et suaves leurs paroles; combien leurs supplices épouvantent, mais combien leur récompense est attrayante; combien leur fin fut affreuse, et combien leur mémoire est chère et vénérée. Le tombeau ne nous offre que du sang, le seuil de la mort que le carnage : ainsi le sujet de mes hymnes, c'est le sang coulant à flots sous le fer des tyrans, c'est le trépas glorieux des martyrs succombant au milieu des plus affreux tourments : c'est le sang et la mort que je chante.

Venez donc, vous tous dont le cœur est oppressé à la fois par l'amour et par la douleur, venez, versez de pieuses larmes; venez, vous tous dont l'âme est ouverte aux bons sentiments, aux saintes affections, soulagez votre âme en laissant doucement couler vos pleurs. Venez, donnez des eaux à votre tête, et à vos yeux une source de larmes. Ouvrez vos oreilles, préparez vos cœurs, parcourez les noms des martyrs, et songez à tous les maux qui tombèrent sur eux. Dilatez votre esprit dans la charité, et cherchez à embrasser par la pensée tous leurs tourments que je n'ai pu vous décrire, puisqu'ils dépassaient à la fois ma conception et ma parole. Mesurez, pesez attentivement la passion de ces généreux soldats de Jésus-Christ, les uns frappés du glaive, les autres écrasés sous la pierre, et vous resterez saisis d'étonnement : jamais vous ne pourrez concevoir ni la rage de la multitude effrénée qui lapidait les saints, ni la barbarie inouïe des bourreaux qui les tourmentaient!

Mais gardez-vous bien, après avoir arrêté vos yeux sur les tourments des bienheureux martyrs, de vous retirer indifférents et insensibles; après avoir médité sur ce spectacle n'en perdez jamais le souvenir. Remplissez vos yeux de larmes, mais votre cœur de joie et de confiance, à la vue de ces morts vivants, de ces victimes triomphantes.

Ils s'en vont, ils nous abandonnent : voilà un sujet de deuil; mais ils vont se réunir au Seigneur : voilà un sujet de joie. De ce deuil et de cette joie vous retirerez deux avantages : vous laverez vos souillures dans vos larmes, vous renouvellerez votre âme par l'espérance de la résurrection. C'est cette résurrection qu'il faut attendre, c'est au ciel qu'il faut tourner vos regards : les choses d'ici-bas sont temporaires ; mais les choses du ciel sont éternelles.

MARTYRE (1)

DES SAINTES THÈCLE, MARIE, MARTHE, MARIE ET AMA, FILLES
DE L'ALLIANCE, C'EST-A-DIRE VIERGES CONSACRÉES A DIEU

(L'an 346 de J.-C.)

Un prêtre impie de la ville de Casciaze, nommé Paul, fut dénoncé vers le même temps à Narsès Tamsapor. Ses richesses, qu'on disait immenses, avaient servi de prétexte aux délateurs. Sa maison fut cernée par des soldats, afin qu'il n'échappât personne, et ensuite pillée; le prêtre fut emmené en prison, et des trésors considérables furent saisis chez lui. Des vierges consacrées à Dieu, Thècle, Marie, Marthe et une autre Marie et Ama tombèrent également aux mains des soldats. Elles furent toutes chargées de chaînes, et enfermées avec le prêtre dans une forteresse. Paul comparut le premier devant le tribunal de Tamsapor, qui lui dit : « Si tu fais ce que le roi ordonne, si tu adores le soleil, et manges du sang (2), tu ne perdras rien : ton argent te sera sur-le-champ rendu. » Séduit par cette promesse, ce malheureux, ce fils de l'enfer, loin de résister au tyran, promit de faire tout ce qu'on voudrait, et fit plus encore qu'il n'avait promis, tant il aimait, le misérable, cet argent qui ne devait lui rapporter que le feu éternel! Cette apostasie du prêtre Paul contrista singulièrement Tamsapor, qui ne l'avait accusé que pour avoir son

---

(1) Le martyre de ces saintes vierges ne nous est connu que par ces actes.

(2) Le concile de Jérusalem tenu par les apôtres avait prescrit cette abstinence. Ce texte semble prouver que les chrétiens de Perse l'observaient encore. Les persécuteurs voulaient les forcer à renoncer cette à pratique, la considérant comme une profession du christianisme.

argent. Après y avoir réfléchi quelque temps, il résolut de lui commander d'égorger de sa propre main les vierges, croyant qu'il ne se résoudrait jamais à cette action honteuse et abominable, et fournirait par cette désobéissance un nouveau prétexte de ne pas lui rendre ce qu'on lui avait pris. Il fait donc amener les vierges, et, les regardant d'un air farouche, il leur dit : « Si vous n'obtempérez pas à l'édit du roi, savoir : d'adorer le soleil, et de vous marier, vous allez subir la plus affreuse torture, et la mort. J'ai résolu d'exécuter sans délai mes ordres, et de sévir contre les rebelles. Personne ne vous tirera de mes mains. » Les vierges lui répondirent à haute voix : « C'est en vain, orgueilleux tyran, que tu voudrais nous épouvanter ou nous flatter. Que n'exécutes-tu au plus tôt tes ordres? Pour tout au monde nous ne voudrions t'écouter et renier Dieu, notre créateur. »

Alors le juge impie fit retirer les vierges de son tribunal, et commanda de les battre cruellement de verges : chacune en reçut cent coups, mais avec tant de courage, qu'au milieu de ce cruel supplice elles s'écriaient : « Non, jamais nous ne préfèrerons le soleil à Dieu; jamais nous ne serons aussi insensées que vous qui adorez la créature au lieu du créateur ! »

Le tyran prononça contre elles la peine de mort, et en confia l'exécution au prêtre apostat. « Égorge ces vierges, lui dit-il, et je te rends tout. »

Qui pouvait faire reculer cet homme, pris au cœur de la même passion que Judas, de la même sordide avarice? L'éclat de l'or et de l'argent avait tellement ébloui ses yeux, que pour ces misérables richesses il ne craignit pas de perdre son âme. Coupable du même crime que Judas, il eut le même sort : comme le traître il se pendit. Je ne sais si son corps creva et si ses entrailles se répandirent : peut-être Judas lui transmit-il cet héritage. Ce traître tua le Sauveur; l'apostat tua aussi Jésus-Christ, qui habitait dans ces vierges; car *quiconque a été baptisé en Jésus-Christ a revêtu Jésus-*

Christ. De tous les deux quel fut le châtiment? qui souffrit la peine la plus grande? Comme leur crime à tous les deux est égal et énorme, il ne faut pas douter que la justice divine ne leur réserve dans l'éternité les plus terribles supplices.

Le prêtre avare, aveuglé par cet or qu'il ne devait plus ravoir, trompé par les perfides promesses du tyran, se fait un front d'airain, un cœur de fer; et, l'épée nue à la main, il s'avance contre les vierges saintes. En le voyant venir elles s'écrièrent : « Lâche pasteur, c'est ainsi que tu te lèves contre ton troupeau, et que tu égorges tes brebis! Homme rapace, c'est ainsi que, changé en loup, tu ravages le bercail! Est-ce là le sacrement qui rend Dieu propice (1), et que naguère nous recevions de tes mains? Est-ce là le sang (2) qui donne la vie et que tu offrais à notre bouche? Toutefois ce fer que tu as tiré contre nous va nous faire trouver la vie. Si nous te précédons au tribunal du juge suprême, ce sera pour lui soumettre notre cause, et lui demander vengeance : ce jour n'est pas éloigné, aujourd'hui même t'attend un juste châtiment. Tu nous immoles, parce que nous restons fidèles à Dieu; il est impossible que tu vives plus longtemps après un tel forfait. Malheur à notre assassin! Mais, va, misérable, mets par notre mort le comble à tes crimes. La mort que tu mérites va tomber sur toi. Que tardes-tu? hâte-toi de nous ôter la vie, hâte notre délivrance, épargne-nous le funeste spectacle que tu vas étaler bientôt, quand, pendu à une poutre fatale, et luttant en vain contre la corde, on te verra, dans un affreux désespoir, agiter en l'air tes mains et tes pieds, jusqu'à ce que tu tombes dans l'abîme. »

L'apostat, le fils de la perdition, qui avait dépouillé tout sentiment et toute pudeur, n'est pas touché; il lève le glaive,

---

(1) Le sacrement de Pénitence.
(2) Le sacrement de l'Eucharistie. On voit clairement par ces paroles que l'Église de Perse, au IVe siècle, croyait à la présence réelle de Notre-Seigneur Jésus-Christ dans l'Eucharistie.

instrument de l'enfer, et, sans aucune émotion, sans aucun tremblement, il fait tomber la tête des vierges, semblant même rechercher la gloire de paraître habile bourreau. Son bras, quoique non exercé au meurtre, ne fut pas fatigué; son glaive, dans sa main novice, ne fut pas émoussé : sans doute, auparavant, il avait eu soin d'en aiguiser la pointe, et la passion de l'or empêcha sa main de trembler. Il ne donna pas un seul signe de crainte, bien qu'il n'eût jamais versé le sang; on ne le vit pas un seul instant rougir, bien que la foule immense le traitât d'odieux et exécrable bourreau. Sans doute il fut instruit au meurtre par celui qui fit boire à la terre, par la main de Caïn, le premier sang de l'homme, celui dont le Seigneur a dit qu'*il est homicide dès le commencement.*

C'est ainsi que de saintes vierges moururent pour Jésus-Christ. Hosties d'agréable odeur, elles furent présentées chastes et pures à celui qui devait récompenser leurs vertus et leur sacrifice. Ces vierges furent comptées au nombre des martyrs le sixième jour de la lune de juin.

La fin du prêtre apostat fut bien différente. Peut-être n'avait-il jamais lu ni entendu ces paroles que l'Écriture met dans la bouche du riche, qui, après avoir recueilli les fruits de son champ, se disait en se félicitant : *Maintenant, mon âme, mange, bois, fais des réjouissances;* et qui entendit bientôt cette réponse : *Insensé, cette nuit même on va te redemander ton âme; et que deviendront toutes tes richesses?* Il en arriva de même à l'assassin des vierges. Il croyait qu'on allait lui rendre ces richesses d'iniquité, pour lesquelles il avait perdu son âme, et cette nuit-là même fut sa dernière nuit. Car le gouverneur craignant qu'un homme capable de tout oser pour son argent, n'en appelât au roi pour le ravoir, ordonna à ses satellites de le mettre à mort. Ceux-ci, pour cacher ce crime, l'étranglèrent la nuit dans sa prison. Quel rapport entre la fin de Judas et celle du prêtre Paul! Mais

Judas peut-être était moins coupable; car au moins il montra du repentir, et c'est même par horreur de son crime qu'il se pendit; tandis que lui, il n'eut ni honte ni repentir, et ne s'en punit pas lui-même, mais périt d'une main étrangère. Cette mort était-elle toute la peine qu'il méritait? Tout supplice paraîtra léger en comparaison de son crime.

MARTYRE (1)

DE SAINT BARHADBESCIABAS, DIACRE

(L'an 354 de J.-C.)

La quinzième année de la persécution, Sapor Tamsapor fit arrêter à Arbelle le diacre Barhadbesciabas. Pendant qu'on lui faisait subir d'affreuses tortures, le tyran lui disait : « Adore le feu et l'eau, mange du sang des animaux, et sur-le-champ tes tourments cessent, et tu es libre. » Mais le martyr, trop heureux de souffrir pour son Dieu, souriait au sein des supplices et insultait au tyran : « Qui es-tu, lui criait-il, pour me forcer à abjurer la religion que je suis depuis mon enfance ? J'en jure par le Dieu que j'aime de toute mon âme et par son Christ, en qui j'ai mis tout mon espoir, ni toi, ni ce roi dont tu vantes tant la puissance, ni les tourments d'aucune sorte, rien ne pourra me séparer de la charité de mon Jésus, que j'ai aimé par-dessus toutes choses depuis ma plus tendre enfance jusqu'à ma vieillesse. » Alors le tyran, transporté de fureur, condamna le diacre à avoir la tête tranchée. Il y avait alors dans les prisons un chrétien d'une haute naissance, nommé Aghée, qui, dans une première épreuve, avait eu l'honneur d'être emprisonné pour avoir généreusement confessé la foi, mais depuis il n'avait plus de chrétien que le nom. Le gouverneur fit ôter ses chaînes à ce lâche apostat, et le condamna à remplir à l'égard du saint diacre l'office de bourreau. Il voulait sans doute, en lui com-

(1) Les actes écrits par saint Maruthas sont les seuls documents qui nous restent sur ce martyre.

mandant ce nouveau crime, le punir de sa première résistance.

On conduit donc Barhadbesciabas en dehors des murs d'Hazan, sur une colline ; là, les gardes l'attachent à un poteau, et il attend le coup fatal ; alors on présente un glaive au malheureux Aghée, et on lui commande de le tirer et de remplir son office ; il obéit, l'infâme, mais en tremblant ; hors de lui-même, et ne sachant plus ce qu'il fait, il ne porte que des coups mal assurés ; sept fois il frappe le martyr sans pouvoir faire tomber sa tête ; enfin il jette là son glaive, mais les spectateurs indignés le forcent de le reprendre et d'achever la victime. Il ramasse donc son épée sanglante, l'essuie sur le corps du saint martyr, et la plonge dans ses entrailles ; le martyr expira sur-le-champ.

Mais Dieu punit bientôt d'une manière terrible le malheureux apostat, et je dois raconter ici ce prodige. Au moment même où le saint diacre expirait sous ses coups, il fut frappé d'une épouvantable maladie qui fit enfler comme une poutre sa main sacrilége. Aussi était-il forcé de rester toujours au lit afin d'appuyer sa main, qui enfin tomba de pourriture, et le malheureux mourut quelques jours après de cette maladie extraordinaire, abandonné de tout le monde.

Deux soldats, par les ordres du tyran, veillèrent pour garder le corps du martyr. Mais deux clercs se concertèrent ensemble, et se cachèrent pendant la nuit dans un lieu voisin, afin d'enlever les saintes reliques pendant que les gardes dormiraient. Ils essayèrent d'abord de les gagner par de l'argent ; mais, n'y ayant pas réussi, ils les attaquèrent au milieu de la nuit pendant qu'ils étaient plongés dans un profond sommeil, les garrottèrent, emportèrent le corps, et l'enterrèrent, à la faveur des ténèbres, où ils voulurent.

ACTES

D'UN GRAND NOMBRE DE CAPTIFS MARTYRS

(L'an de J.-C. 362.)

La cinquante-troisième année de son règne, Sapor, ayant envahi le territoire de l'empire romain, s'empara de Beth-Zabdé, la rasa, fit périr une grande partie de la garnison, et emmena le reste en captivité. Le nombre des captifs dépassait neuf mille ; parmi eux on remarquait l'évêque Héliodore et deux prêtres âgés, attachés à la maison épiscopale, Dausas et Mariabe. Il y avait aussi plusieurs autres prêtres et diacres, et un grand nombre de chrétiens des deux sexes. Toute cette troupe de captifs fut traînée à la suite du roi dans la province des Huzites.

Dans la route, Héliodore tomba malade en un lieu appelé Scatarta. Alors, appelant Dausas, il le consacra évêque par l'imposition des mains, et le plaça à la tête des chrétiens qui avaient survécu aux derniers désastres. Il lui remit en outre un autel portatif qu'il avait sur lui, et lui recommanda avec les plus vives instances le très-saint ministère. Après cela, Héliodore mourut, et reçut de la part de ses compagnons de captivité les honneurs de la sépulture.

Puis les captifs poursuivirent leur route, et tout en marchant, quand la disposition des lieux le leur permettait, ceux qui étaient chrétiens se réunissaient, chantaient alternativement des psaumes, et célébraient le service divin.

Ces réunions se répétant tous les jours, les mages en conçurent des soupçons, et leur haine contre les chrétiens s'augmentant de plus en plus, pour les perdre ils eurent recours à leurs calomnies habituelles, et les dénoncèrent au grand satrape Adarpharès, qui avait déjà inondé l'Orient du sang des martyrs. Cet homme obtint une audience du roi, et fit contre les chrétiens ces dépositions perfides : « Nous avons parmi les captifs un certain Dausas, qui est regardé comme le chef des chrétiens ; aussi se fait-il autour de lui un grand concours d'hommes et de femmes de cette secte. Une fois réunis, ils sont comme possédés d'un même délire, et se livrent à toutes sortes d'outrages et d'imprécations contre votre majesté royale. Et c'est là, dirait-on, leur obligation de tous les jours. J'ai donné déjà des avertissements répétés à ces hommes, mais qui n'ont fait qu'accroître leur insolence ; ils en sont venus à envelopper dans les mêmes imprécations votre nom et nos dieux. »

Le roi était alors dans la province des Darensiens, à Dursacum. Il délibéra sur cette affaire avec le satrape Adarpharès et un autre satrape, son complice, nommé Harzaphtès, et leur traça leur ligne de conduite en ces termes : « Tâchez d'abord de mettre la main sur ces assemblées de chrétiens et sur leur chef, et ensuite dites-leur ceci : Le roi est dans les dispositions les plus favorables à votre égard, et il vous donne à habiter et à cultiver les riches sommets du mont voisin. C'est un endroit très-fertile, arrosé par un grand nombre de petits cours d'eau ; là, vous pourrez habiter tranquilles et heureux. Par cet appât, il ne sera pas difficile de réunir tous ceux qui ont pris part à ces assemblées séditieuses et impies ; et quand vous les tiendrez, conduisez-les à la montagne indiquée, et là appliquez-les à la question. Ceux qui abjureront la religion de César et adoreront le soleil et la lune, permettez-leur d'habiter sur cette montagne, si bon leur semble ; les contumaces et les réfractaires, traitez-les selon la rigueur des lois. » Ayant ainsi parlé, le roi congédia les deux satrapes, qui partirent avec cent cavaliers et deux cents hommes de pied pour mettre à exécution les ordres du monarque.

Cependant l'évêque Dausas, le chorévêque Mariabe, les prêtres, les diacres, les clercs inférieurs et tous les laïques, au nombre d'environ trois cents, se réunissent. Les satrapes, feignant d'avoir pour eux les sentiments les plus bienveillants, leur exposent les offres insidieuses du roi, et trompant par cette feinte les hommes qui n'avaient nul soupçon de la fraude, ils les font courir joyeux à la montagne que le roi avait désignée, le mont Mazebdane, non loin de la ville de Gaphet. Mais quand ils furent proches de la ville, le farouche Adarpharès, tigre altéré de sang, dépouillant le masque de bienveillance dont il s'était couvert, leur fit connaître les vraies intentions du roi : « Vous êtes criminels de lèse-majesté, leur dit-il, et vous devez reconnaître que vous n'avez été arrêtés que trop tard. Vous avez eu l'audace d'insulter chaque jour, dans vos assemblées, la personne du roi, et de vomir des blasphèmes sacrilèges contre les dieux. Le roi veut vous faire expier ce crime ici même, dans les plus affreux tourments. Cependant, si vous faites ce que nous allons vous dire, il vous sera facile d'échapper au supplice ; vous n'avez qu'à abjurer à l'instant la religion de César et à adorer les dieux de Sapor, le roi des rois. Souvenez-vous de votre condition d'esclaves et du domaine du roi sur vous ; voyez si vous voulez résister aux ordres de votre maître. Comptez, si vous vous rendez à mes conseils, qu'il vous en reviendra les plus grands avantages ; car je suis autorisé à vous fixer dans ces lieux fertiles, plantés, comme vous voyez, de vignes, d'oliviers, de palmiers. A cela je joindrai des présents, et dans la suite vous me trouverez toujours prêt à courir au-devant de tous vos désirs. Que si vous vous montrez rebelles aux ordres du roi, vous serez tous mis à mort aujourd'hui même, et pas un de vous n'échappera au châtiment de son entêtement. Telle est la sentence prononcée contre vous depuis longtemps par le roi lui-même. »

Nullement ému de ces paroles, le généreux Dausas répondit au satrape en ces termes : « Barbare, ce n'est donc pas assez de votre propre sang, vous avez soif encore du sang des étrangers ! Depuis longtemps vous faites périr dans les supplices vos propres concitoyens, et vous voulez encore la mort de vos hôtes ! Que vous ont donc servi tant de cruautés? Sachez que la vengeance divine est proche ; elle suit pas à pas le coupable et l'atteint tôt ou tard, il ne peut lui échapper. Les mains encore teintes du sang des chrétiens d'Orient, vous voulez aussi les tremper dans celui des chrétiens d'Occident, afin que notre sang versé en témoignage de la foi chrétienne se mêle au sang de vos martyrs pour écrire votre condamnation ! Quant à nous, ni les mesures de rigueur prises secrètement contre nous, ainsi que vous venez de nous le faire tconnaître, ni tout ce que vous venez de nous dire, ne nous fait peur ; au contraire, nous en sommes comblés de joie. Allons, compagnons de ma captivité, courage ; c'est aujourd'hui que nous allons rentrer dans la patrie. Et vous tous, bourreaux, qu'attendez-vous encore? Hâtez-vous de faire votre œuvre, et surtout n'adoucissez rien de votre férocité accoutumée. C'est notre Dieu qui, pour nous châtier dans sa justice, nous a d'abord livrés à votre puissance, et qui aujourd'hui, n'écoutant plus que sa miséricorde, nous fait la grâce de mourir pour lui de votre main ; c'est lui que nous conjurons de nous préserver à jamais d'adorer le soleil et la lune, ouvrage de ses mains, et de nous soumettre aux ordres d'un tyran impie. Nous sommes prêts à tout souffrir pour notre foi, et nous rendrons toujours nos hommages au Dieu que César adore, le seul vrai Dieu. »

Dausas ayant ainsi parlé, le satrape commanda aux soldats de conduire les captifs au supplice par troupes de cinquante, et de les égorger sans distinction de sexe. Deux cent soixante-quinze furent ainsi immolés. La crainte de la mort effraya le reste, et vingt-cinq chrétiens eurent la lâcheté d'apostasier et de se faire initier au culte du soleil : ils habitent encore aujaurd'hui la montagne qui leur fut donnée pour prix de leur apostasie.

Un diacre nommé Ebedjesus, qui n'avait reçu qu'une blessure légère, fut laissé comme mort sur la place. Quand le soleil fut couché, ce diacre, revenu à lui, se lève et se sauve tout sanglant au village voisin. Un pauvre homme qui le rencontra l'accueillit avec bienveillance, l'emmena dans sa maison, essuya et pansa sa blessure. Le lendemain, de grand matin, le diacre emmena son hôte et ses deux fils sur le lieu du carnage, et leur montra les corps de l'évêque Dausas, de Mariabe et des autres prêtres. Ceux-ci les prirent sur leurs épaules, et, redescendant un peu la pente de la montagne, ils découvrirent une caverne ; ils y déposèrent les saints corps et en fermèrent l'entrée avec des pierres. Puis ils revinrent, et trouvèrent le diacre prosterné à terre au milieu des corps des martyrs, versant des larmes et des prières : ils l'y laissèrent.

Quelques pasteurs païens de la Caramanie, qui étaient venus faire paître leurs troupeaux sur les sommets fertiles de cette montagne, racontèrent avoir eu une vision étrange, des anges qui descendaient du ciel et qui y remontaient, et qu'on entendait chanter des hymnes de triomphe au lieu où les saints martyrs de Dieu étaient tombés. Stupéfaits de ce prodige, ils le publièrent par tout le pays, et se hâtèrent de se faire instruire des mystères de la foi chrétienne.

Ebedjesus, échappé comme par miracle au glaive des bourreaux, resta dans ces mêmes lieux pour honorer les reliques des saints qui les avaient consacrés par le martyre. Déjà depuis un mois il se livrait aux travaux d'un zèle infatigable, quand le seigneur du lieu, craignant qu'il ne fît des conquêtes au christianisme, le fit jeter pendant quatre jours en prison, puis voulut le contraindre à quitter ces lieux... (*Ici s'arrêtent les Actes ; mais on pressent que le courageux diacre finit enfin par cueillir la palme du martyre qu'il avait déjà vue de si près.*)

ACTES

DE QUARANTE MARTYRS, DEUX ÉVÊQUES, ABDA ET EBEDJESU ; SEIZE PRÊTRES, ABDALLAHA, SIMÉON, ABRAHAM, ABA, AJABEL, JOSEPH, HANI, EBEDJESU, ABDALLAHA, JEAN, EBEDJESU, MARIS, BARAHADBESCIABAS, ROZICHÉE, ABDALLAHA ET EBEDJESU ; NEUF DIACRES, ELIAS, EBEDJESU, HANI, MARJABE, MARIS, ABDIAS, BARAHADBESCIAS, SIMÉON ET MARIS ; SIX MOINES, PAPA, EVOLÈSE, EBEDJESU, PHAZIDE, SAMUEL ET EBEDJESU ; SEPT VIERGES, MARIE, TATHE, EMA, ADRANES, MAMA, MARIE ET MARACHIE.

(L'an 36 de la persécution, de J.-C. 375.)

Quand je songe à raconter les combats des martyrs, la conscience de mes péchés m'épouvante ; mais l'espérance des fruits que je dois produire m'encourage. La crainte arrête mes efforts et m'engage à me taire ; mais l'amour me stimule et me pousse à parler. Une voix accusatrice me crie : Ne l'ose pas ! Une autre voix me reproche ma lâcheté, et me dit : Garde-toi de ne pas le faire ! La première, me rappelant ma vie passée, m'invite à pleurer ; la seconde, me faisant ressouvenir des miséricordes de Dieu, m'invite à chanter. L'une me remet sous les yeux les jugements du juste juge, l'autre me parle de la bénignité du Dieu très-bon. L'une m'ordonne la pénitence et les larmes, l'autre me ravive par l'espérance des bontés du Seigneur. L'une me dit : Laisse ces choses, tourne les yeux sur toi-même, fais l'examen de tes péchés ; et l'autre répond : Applique ici ton âme, et, fort du divin secours, commence hardiment. La crainte me dit : Pleure, malheureux ; cherche en toi-même tes raisons de pleurer ; l'amour, au contraire, veut que je retienne mes larmes, et que j'écrive. Eh bien donc, coulez, pleurs du repentir ; mes yeux, fondez-vous en larmes ; déchire-toi, mon cœur, et reviens sans réserve et sans retour à ce Dieu, ton Créateur et ton Seigneur, qui reçoit avec bonté les pécheurs pénitents, lorsqu'ils sont résolus à changer leur vie passée et à travailler à leur salut. Je cède donc à l'amour, je vais célébrer la gloire des martyrs. Mais l'œuvre que j'entreprends est grande, elle demande un style sublime. Toutefois, si mes faibles talents me trahissent, les choses parleront assez d'elles-mêmes. Je peindrai des guerriers, armés de casque et de cuirasses, du bouclier et de la lance; le choc des armes, la lueur des glaives, la plaine ruisselant de sang, le son de la trompette guerrière, l'horreur de la mêlée et du combat. Combat véritablement admirable, où ceux qui tombent sont ceux qui triomphent; où ceux qui échappent sont les seuls vaincus. Dans cette lutte, tout l'effort des combattants, c'est de périr. Ils sont debout, ceux que vous voyez tomber; ils sont tombés, ceux que vous voyez debout. Ceux que vous croyez morts sont vivants, ceux que vous croyez vivants sont morts (1). O puissance de la foi, qui conduis à une mort volontaire des hommes en possession du bien suprême de la vie! O beau, et glorieux, et puissant Jésus! Quiconque en connaît les douceurs, quiconque en a goûté l'amour, ne désire plus rien désormais. Qui pourrait arrêter dans son dévoûment le martyr? Rien, ni cette terre avec ses magnificences et ses richesses, sa vaste étendue et les beautés variées de ses climats divers; ni ce brillant soleil et cette voûte étoilée étincelant de flambeaux sans nombre : car il sait qu'au lever du soleil de justice toutes ces splendeurs pâliront; ni l'éclat trompeur de l'argent et de l'or : il sait que la convoitise est la racine de tous les maux; ni l'amour d'un père, d'une épouse, d'un enfant : les saintes lettres lui ont appris que ceux qui sont arrêtés par l'amour immodéré des parents,

(1) Il y a ici dans les actes un long éloge du jeûne quadragésimal, que nous avons cru pouvoir omettre, quoiqu'il soit un témoignage de l'antiquité et de l'universalité de ce point de discipline.

Dieu les juge indignes de son amour; ni le monde avec ses plaisirs et ses voluptés : son cœur, brûlant pour Dieu, a des aspirations plus nobles et de plus riches espérances; il sait que dans la paix profonde, dans la pleine et entière félicité qui lui est réservée, il n'y a plus de peines, de fatigues, de travaux; que lui importent donc les combats de la vie présente, et ses douleurs, et ses tourments? Il sait que les habitants de ces heureuses demeures ne connaissent plus, dans la pure lumière où ils nagent, toutes ces alternatives de veille et de sommeil de nos jours et de nos nuits d'ici-bas, et il aspire à se plonger au plus tôt dans cette clarté sans ombre et sans déclin. Il sait que loin de ce séjour de paix sont bannies toute crainte, toute menace, toute tyrannie, et il brave avec magnanimité toutes les terreurs et tous les dangers d'ici-bas. Il sait que les saints, dans la gloire, n'ont pas besoin d'ornements ni du luxe des vêtements, et il dépose sans efforts ces parures d'un corps mortel, ces insignes de la douleur et de la mort. Il sait que dans cette patrie du bonheur la maladie n'a plus d'empire, et il se fait un cœur de fer contre les pierres, les glaives et les blessures. Il voit d'ici-bas briller au ciel, sur la tête des saints, la couronne, et tout son être y est ravi; et, songeant que là l'attend une vie immortelle, il se rit de la mort et l'accueille avec allégresse. Il regarde le sang généreux qu'a versé le Christ, et il désire verser aussi son sang; il pense que dans la cité des saints rien de souillé ne peut entrer, et il brûle de descendre dans l'arène pour trouver dans le baptême du sang une pureté sans tache; enfin il voudrait des ailes pour suivre, dans leur vol à travers les espaces, les esprits célestes. Ah! l'Apôtre avait bien raison de le dire : *Ni la mort, ni la vie, ni les choses présentes, ni les choses futures, ni l'élévation, ni la profondeur, ni aucune créature, rien ne pourra me séparer de la charité de Dieu, qui est en Jésus-Christ Notre-Seigneur.*

Voici l'histoire des quarante martyrs.

Ebedjesu était évêque d'une ville du pays des Cascareniens (1), digne évêque par la gravité de ses mœurs et la sainteté de sa vie. Il avait un neveu, fils de son frère; il avait lui-même instruit cet enfant dans les saintes lettres, puis l'avait fait entrer dans les rangs des clercs, et enfin l'avait ordonné diacre par l'imposition des mains. Il le croyait vertueux; mais il n'avait que le masque de la vertu, et, comme Giézi (2), il avait su cacher ses vices sous les dehors de la piété, et avait trompé son maître. La justice de Dieu déchira le voile qui couvrait ses crimes, et l'hypocrite fut enfin publiquement confondu. Il se laissa prendre au cœur d'une passion ardente pour une femme et tomba dans un crime honteux. Le saint et chaste évêque en eut connaissance; il fit venir le jeune homme, lui reprocha publiquement sa mauvaise conduite, lui imposa un châtiment proportionné à sa faute, et lui interdit les fonctions de son ordre.

Mais le malheureux avait résolu en lui-même de persévérer dans son crime sans abandonner le ministère des autels : le saint évêque ne pouvait le tolérer. Alors Satan, qui depuis longtemps possédait ce malheureux diacre, égara complétement son cœur, le remplit de l'esprit d'orgueil, et en fit un transfuge de l'enfer, un apostat. Il s'en alla trouver le roi, et lui parla en ces termes : « Il y a, ô roi, dans le pays des Cascaréniens, un homme dangereux, qu'on appelle Ebedjesu; c'est, dit-on, le chef des chrétiens, et il a pour complice un certain Abdallaha, prêtre. On dit qu'ils reçoivent les espions romains, et leur livrent les secrets de l'empire; qu'en outre, ils sont en communication active avec César, et lui révèlent tout ce qui se passe en Orient. Au reste, ils se rient de vos édits, et foulent aux pieds vos lois; et au lieu d'adorer comme

---

(1) Aux confins de la Chaldée ou Babylonie.
(2) Disciple infidèle du prophète Élisée.

des dieux le soleil, la lune et le feu, ils s'en moquent, et leur insultent avec audace. »

Le roi accueillit avidement les paroles du délateur; et donna ordre à Artascirus, gouverneur d'Hadiabe, de se saisir des coupables, et de les soumettre à une sévère et rigoureuse question, jusqu'à ce qu'ils eussent fait l'aveu de leurs crimes ; puis de les contraindre à abjurer leur religion et leur Dieu. Artascirus, qui avait soif du sang chrétien, se hâta d'envoyer des satellites, pour prendre les saints martyrs, et les conduire, chargés de chaînes, à son palais, dans une campagne proche de Lapeta. Voici quel fut leur interrogatoire :

Le gouverneur : « Qui êtes-vous ? »

Les martyrs : « Chrétiens. »

Le gouverneur : « Si vous êtes chrétiens, vous êtes les ennemis du roi des rois (1). »

Les martyrs : « Nous ne sommes pas les ennemis du roi; c'est lui qui est l'ennemi de Dieu, puisqu'il fait subir les derniers supplices à ceux qui le servent. »

Le gouverneur : « Qu'avez-vous fait ? dites-le sans détour, sinon attendez-vous aux plus affreux supplices. »

Les martyrs : « Nous aimons la vérité, et nous avons toujours eu horreur du mensonge ; n'en aurions-nous pas encore horreur en ce moment ? Mais vous, qui vous entendez en ruse et en finesse, tendez, comme vous faites toujours, des piéges à notre bonne foi. Et puis, si vous voulez, essayez contre nous tous les genres de tortures, vous nous trouverez prêts à tout souffrir pour notre Dieu. »

Le gouverneur : « Pourquoi, impies, outragez-vous l'eau et le feu, et refusez-vous d'adorer le soleil et la lune? Vous êtes de plus les alliés des Romains, vous vous êtes vendus aux

(1) Les rois de Perse prenaient ce titre fastueux.

ennemis de l'État ; vous accueillez leurs espions, et livrez à César les secrets du roi. »

Ebedjesu : « Quelles accusations ineptes et méchantes vous alléguez contre nous ! Vous nous dites d'intelligence avec les Romains ; vous nous accusez en outre de rejeter le culte du soleil et de la lune. Ce dernier point est vrai, je le confesse ; mais vous ne pouvez nous en faire un crime. Quant à la trahison, elle est, et sera toujours, je l'espère, étrangère aux chrétiens. Je m'étonne, au reste, que vous qu'on dit si sage, vous qui avez vieilli dans le forum, et qui depuis tant de temps que vous jugez les chrétiens, en avez envoyé un si grand nombre à la mort, je m'étonne que vous ne soyez pas encore convaincu de leur innocence et de leur fidélité. Vous prêtez l'oreille à tout délateur, et versez sans discernement aucun, en aveugle, et à flots, le sang des chrétiens : mais ce sang écrit notre victoire, et témoignera à jamais contre vous. Nous mourons innocents, et notre mort place sur notre front une couronne immortelle : vous êtes, vous, un parricide, dévoué aux éternels supplices. »

Le tyran frémissait de rage. Sur-le-champ il appelle ses soldats, et leur ordonne de prendre chacun des martyrs, de leur attacher les côtes, les cuisses et les jambes avec des cordes, de passer des bâtons dans ces cordes pour les serrer, et de leur lier les bras derrière le dos. Les soldats se mettent à l'œuvre et compriment avec tant de force, en tournant les cordes avec les bâtons, tous les membres des martyrs, que leurs os craquaient comme du bois sec que l'on brise.

Quand les bourreaux furent fatigués, le tyran, pendant qu'ils se reposaient, disait aux martyrs : « Malheureux, adorez le soleil, le dieu de Sapor, roi des rois. Avouez tout ce que vous avez fait contre la foi jurée au prince, et vous échapperez, je vous le promets, aux tortures et à la mort. »

Les saints martyrs alors crièrent à haute voix : « Nous persistons dans nos sentiments ; le soleil n'est qu'une créature de Dieu, et nous ne lui offrirons pas les hommages dus au Créateur. Nous ne mentirons pas à notre conscience, en avouant des intelligences avec les Romains, avec qui nous n'avons jamais eu aucun rapport ? »

On renouvela pendant sept fois contre ces généreux martyrs les mêmes tortures ; mais leur fermeté fut inébranlable. Enfin, on leur donna quelque relâche pour ne pas les voir expirer dans les tourments ; mais telle avait été la cruauté de leur supplice, que tous leurs membres étaient disloqués ; leurs côtes brisées se posaient les unes sur les autres, leurs os étaient sortis de leurs jointures. On les porta en cet état dans une prison, où on les tint étroitement renfermés ; défense fut faite aux chrétiens de leur porter du pain ou de l'eau ; ils n'avaient à manger qu'une nourriture souillée par des cérémonies païennes, que leurs gardiens leur offraient, et encore en si petite quantité, que c'était tout juste de quoi les empêcher de mourir de faim. Les martyrs refusèrent obstinément cette nourriture souillée, qu'on leur offrit à plusieurs reprises, et restèrent huit jours entiers sans manger. Cette abstinence, jointe à leurs souffrances, les avait réduits à un tel état d'abattement et de faiblesse, qu'ils ne pouvaient plus se soutenir. Aidés de la grâce de Dieu, ils supportèrent avec la plus admirable patience toutes ces épreuves.

Les martyrs allaient rendre l'âme ; mais une veuve chrétienne, dont la maison, contiguë à la prison, permettait d'établir quelque communication avec les prisonniers, au moyen d'une petite fenêtre, profita de cette heureuse circonstance, et envoya pendant la nuit aux saints martyrs de l'eau et du pain dans une corbeille. Ceux-ci reçurent cette nourriture avec actions de grâces, comme envoyée du ciel même, et reprirent leurs forces. Cette pieuse veuve pourvut ainsi aux nécessités des saints tant que dura leur détention. Honneur à toi, pieuse veuve, honneur à toi, dont la charité ingénieuse et touchante soutint les saints de Dieu dans leur défaillance !

Ceci se faisait en cachette, et les gardiens de la prison ne pouvaient deviner où les martyrs trouvaient de la nourriture, et comment ils pouvaient soutenir leur vie. Le gouverneur d'Hadiabe fut obligé d'écrire à Sapor, le roi des rois, qu'on n'arracherait rien à ces chrétiens, et que, loin d'être disposés à avouer aucun crime, ils supportaient les plus affreuses tortures sans donner le plus léger signe de douleur. Le roi différa le jugement définitif de leur cause, et cependant appela le traître qui les avait dénoncés, et lui demanda s'il ne connaissait pas encore d'autres chrétiens. L'hypocrite lui répondit : « Oui, il y a encore un évêque, des prêtres et plusieurs diacres ; mais si vous le voulez, ô roi, je me charge moi-même de les prendre et de vous les amener. » Le roi y consentit, et lui donna dix cavaliers et vingt soldats de pied : il partit aussitôt avec cette troupe.

Cependant Abdas, évêque de Cascara, avec les prêtres et les diacres de son église, s'était rendu dans les villages qui avoisinaient sa ville épiscopale, pour traiter quelques affaires : il était loin de se douter de ce qui se tramait contre lui. Une nuit il eut pendant son sommeil une vision étrange ; étonné et ému, il se lève, réveille ses compagnons, et leur fait part, non sans quelque frayeur, de ce qu'il vient de voir. « Je vis, dit-il, un serpent hideux et horrible : sorti de son antre, il s'avançait en rampant, et poussait des sifflements qui faisaient tout fuir devant lui. Mais voici qu'une troupe de passereaux, j'en comptai quarante, passa au-dessus de lui ; le monstre, les ayant aperçus, dressa contre eux sa tête horrible, et, les fascinant de son regard, les attira tous et les dévora jusqu'au dernier. » Frappés de terreur à ce récit, les compagnons d'Abdas se mettent en prière, et, après quelques instants, retournent se coucher.

En ce moment une autre vision, plus claire encore, fut

envoyée à Abdas, qui appela de nouveau ses compagnons, et la leur raconta en ces termes : « Je m'étais remis sur ma couche, et, les yeux fixés au ciel, j'admirais en silence les merveilles de Dieu ; songeant à ma première vision, je me demandais à moi-même ce qu'elle pouvait signifier, si par hasard elle ne nous annonçait pas le martyre. Tout à coup une extase me ravit, et je ne sus plus où j'étais. Au milieu d'une brillante lumière je voyais Siméon Bar-Saboé qui planait dans l'air au-dessus de moi. J'admirais son visage radieux comme un astre : à sa splendeur surhumaine, vous eussiez dit un ange. Je conçus un vif désir de parler au glorieux martyr, et lui-même me faisait signe de m'approcher de lui. Cependant, remarquant qu'il s'élevait toujours vers le ciel, et qu'il s'éloignait peu à peu de moi, tremblant je m'écriai : « Oh ! que ne puis-je m'envoler vers vous ! — Pas maintenant, me dit-il, mais bientôt ; bientôt vous pourrez me voir et me parler, et me raconter librement vos peines. »

Pendant qu'Abdas racontait ces choses, tous cherchaient avec inquiétude ce que cette vision signifiait. Ils firent la seule chose qu'il y avait à faire dans cette circonstance, ils implorèrent le secours de Dieu, et déjà ils avaient commencé matines, quand soudain ils se virent enveloppés par la troupe impie des satellites du roi. Ceux-ci commencèrent par se saisir du saint évêque Abdas, ils arrêtèrent ensuite vingt-huit chrétiens, ses compagnons, et sept vierges ; ils leur mirent à tous des fers, et les conduisirent, au milieu d'outrages et de vexations intolérables, dans la province des Huzites à Lédan, où le roi s'était rendu en quittant Beth-Lapeta.

Quand ils furent arrivés aux portes du palais, le roi confia au magistrat de la ville le soin de les mettre à la question, et lui adjoignit deux mages. Le magistrat dit aux martyrs : « Je ne comprends pas pourquoi, séduits et trompés, vous voulez aussi séduire et tromper les autres, en insinuant à des hommes insensés vos folles doctrines. »

Abdas lui répondit : « Nous ne sommes pas séduits, et ceux qui nous suivent ne sont pas des insensés ; ils marchent, au contraire, aux clartés de la lumière divine, ils ont abjuré l'erreur, pour embrasser une religion sainte et d'immortelles espérances.

— Le roi vous ordonne d'adorer le soleil ; sinon, les tourments et la mort ; le roi m'a donné tout pouvoir sur vous.

— Ni le roi, ni vous, ni votre pouvoir, ni vos tourments ne pourront nous séparer de l'amour de notre Dieu, et nous faire renoncer à Jésus-Christ. Jamais nous ne mettrons le soleil, une créature, au-dessus du Créateur de l'univers, ni un roi mortel et injuste au-dessus du très-grand et très-saint Roi des cieux. »

Cette libre réponse d'Abdas exaspéra le tyran, qui ordonna à ses satellites d'étendre à terre les martyrs, et de leur donner à tous cent coups de fouet. Abdas fut traité plus cruellement que les autres, parce qu'il avait porté la parole au nom de tous. Les martyrs furent soumis ensuite à un nouvel interrogatoire.

« Pourquoi ne rendez-vous pas hommage à Sapor, le roi des rois, le dieu suprême, qui gouverne le monde par l'éternelle puissance qui lui appartient ? »

Abdas : « Sapor est un homme et non pas un dieu. Comme tous les hommes, il est soumis aux nécessités de la vie, il boit, il mange, il s'habille. Il est sujet comme nous aux fatigues et à la peine, à la tristesse et à la joie, aux maladies et à la mort ; la puissance qu'il exerce, il la tient de Dieu, souverain Seigneur et maître des choses, et il doit l'exercer avec justice. »

Les mages frémissaient à ces paroles, et plusieurs fois ils cherchèrent à l'interrompre en lui donnant des coups au visage : « Tais-toi, malheureux, lui criaient-ils, n'insulte pas le roi des rois. »

Le magistrat qui avait interrogé Abdas ayant été admis à l'audience du roi avec les mages, le prince lui demanda ce qu'il lui semblait de ces misérables, ce qu'ils faisaient, ce qu'ils pensaient, ce qu'ils disaient.

« J'aurais honte, répondit le magistrat, de répéter en votre présence toutes les horreurs qu'ils vomissent contre votre royale majesté.

— Parlez sans crainte, lui dit le roi, parlez, vous ne m'offenserez pas en me rapportant les outrages que d'autres ont vomis contre moi. »

Alors le magistrat, encouragé par ces paroles : « O roi, dit-il, vivez à jamais, portez éternellement sur votre front le diadème. Vous m'avez ordonné d'appliquer ces chrétiens à la question, j'ai rempli vos ordres, j'ai essayé de les forcer par un traitement rigoureux à adorer le soleil; mais ce fut en vain. Ils ont refusé obstinément d'obéir à vos édits. Je leur rappelais que le roi des rois, dont ils enfreignaient les lois, était le Dieu éternel, le maître du monde ; ils l'ont nié avec impudence, et, sans respect pour votre majesté auguste, ils ont soutenu que Sapor n'était pas un dieu, mais un homme, un simple mortel, sujet par la condition de sa nature aux maladies et à la mort. » Le roi, éclatant de rire à ces dernières paroles : « Mais c'est le seul point peut-être, dit-il à celui qui lui parlait, sur lequel ces hommes aient raison. Je suis bien un homme, et non pas un dieu, soumis par conséquent comme tout homme aux conditions de l'humanité. Vous vous trompiez bien si vous croyiez que ce qu'ils ont dit à ce sujet m'offense; vous voyez, au contraire, que cela m'amuse. » En même temps il fit appeler Thusighius, chef des eunuques, commandant des éléphants de ses troupes, et lui recommanda l'affaire des chrétiens en ces termes : « Je veux que vous fassiez, au sujet des chrétiens précédemment arrêtés, une enquête juste et sincère, et si vous les trouvez soumis aux lois, et adorant comme nous le soleil, renvoyez-les ; car je vois que les mages sont leurs ennemis jurés, et qu'ils ne cherchent que des prétextes pour les faire condamner à mort. »

Muni de ces instructions, l'eunuque sortit de la ville avec grande pompe et grande solennité : le généralissime des troupes de Perse l'accompagnait ; le magistrat de la ville et les deux mages qui avaient assisté au premier interrogatoire le suivirent, ainsi qu'une foule nombreuse. Les saints martyrs furent amenés, chargés de chaînes, dans cette partie de la ville qui regarde le midi : ils étaient vingt-huit chrétiens, avec l'évêque Abdas. On étala sous leurs yeux tout ce qui pouvait les glacer de terreur et d'épouvante ; puis le juge, avec un visage farouche et d'un ton menaçant, se mit à les interroger.

« Qui êtes-vous donc, vous qui méprisez les édits, qui enfreignez les lois du roi des rois ? »

Les martyrs : « Serviteurs du Dieu qui gouverne le monde, et nous résistons avec justice à d'injustes lois.

L'eunuque : « Le roi, qui voudrait vous sauver, m'a ordonné de vous faire comparaître de nouveau, pour vous engager encore une fois à adorer le soleil, afin d'éviter la sentence de mort prononcée déjà contre vous. »

Les martyrs : « Mais plutôt, si vous êtes si zélé pour les intérêts du roi, hâtez-vous de nous faire mourir. Vos conseils, pas plus que ses ordres, ne nous feront adorer le soleil, créature de Dieu. Vraiment vous nous inspirez une pitié profonde, quand nous vous voyons suivre comme des troupeaux les erreurs des mages. Pour nous, nous adorons le Dieu unique, et nous sommes prêts à donner notre vie pour lui, pour en recevoir en échange une vie immortelle. »

Le juge, entendant cela, les condamna tous à périr par le glaive. Alors tous les grands qui étaient présents s'approchent des martyrs et leur ôtent d'abord leurs chaînes, puis les livrent aux bourreaux, comme des agneaux qu'on mène à la boucherie. Tels, en effet, étaient les martyrs, qu'on voyait tendre gaiement leur tête au glaive, aussi joyeux que si on les eût mis en liberté.

Cependant deux frères, dont l'un s'appelait Barahadbesciabas et l'autre Samuel, ne s'étaient pas trouvés au lieu du supplice. Ils s'étaient faits tous deux compagnons des martyrs, quand ceux-ci avaient été amenés de leur patrie, afin de les soulager comme ils pourraient en demandant l'aumône. C'est pourquoi ils n'avaient pas été pris et mis dans les fers avec les autres : ils étaient partis le matin même pour la ville, afin d'en rapporter le repas des martyrs, et ceux-ci avaient été tirés de prison et mis à mort vers la troisième heure. Les deux frères, l'ayant appris, furent saisis d'une incroyable douleur, et, ne pouvant la contenir, ils accourent désolés au lieu où avaient été égorgés leurs frères. Ils voient le corps d'Abdas étendu à terre, et aussitôt, se jetant dessus, ils le couvrent de leurs baisers ; puis recueillent le sang des martyrs, et se teignent de ce sang précieux, conjurant les bourreaux de ne pas leur refuser la couronne de leurs frères. « Tuez-nous comme eux, disaient-ils ; car leur mort, c'est la vie, et une vie bien meilleure, bien plus heureuse que cette vie misérable. » Puis ils se répandaient en paroles contre le roi, espérant que les soldats irrités les mettraient à mort ; mais les trois juges (le chef des eunuques, le général en chef et le magistrat) qui présidaient à ce jugement, en ayant délibéré entre eux, résolurent de ne rien faire sans avoir auparavant consulté le roi, parce que les noms de ces deux chrétiens n'étaient pas compris dans la liste qui leur avait été donnée. Ils envoyèrent donc donner avis au roi de ce qui venait d'arriver, et savoir quelles étaient ses volontés. Les deux frères cependant ne cessaient de s'écrier : « Nous sommes chrétiens ; nous adorons le même Dieu que ceux que vous venez de mettre à mort, et nous abjurons vos dieux, vaines inventions des hommes. » La peine de mort fut portée contre eux presque à la même heure et au même lieu où leurs compagnons avaient été immolés, et leur sang se mêla au leur.

Ces glorieux martyrs remportèrent la couronne la sixième férie, le quinzième jour de la lune de mai.

Le lendemain, le roi s'étant ressouvenu de l'évêque Ebedjesu et du prêtre Abdallaha, demanda : « Sont-ils encore en prison, leurs deux compagnons qui ont déjà été appliqués à la torture ? » Les gardes ayant répondu qu'ils y étaient, le roi ordonna de les mener au supplice, s'ils persévéraient dans leur refus obstiné. On les fit donc sortir de prison ; mais ils étaient tellement affaiblis et défigurés par la souffrance, qu'il ne leur restait plus réellement que la peau, les nerfs et les cheveux. Ils n'avaient plus la forme humaine ; leurs côtes et tous leurs os, fracturés par la torture et déboîtés, ne maintenaient plus leurs chairs, et ne faisaient plus de leurs corps qu'une masse informe. Les soldats les portèrent sur leurs épaules au lieu où étaient tombés leurs compagnons. Là, le juge leur parla ainsi :

« Si vous obéissez aux édits du roi, on vous fera grâce de la vie ; si vous refusez d'obéir, vous allez mourir. »

Les généreux martyrs lui répondirent : « Homme insensé, vous n'avez pas honte de nous adresser un tel conseil ? Pour sauver des corps défaillants, vous croyez que nous allons perdre notre âme ! Votre erreur est grande. Nous avons adoré jusqu'ici et confessé un seul Dieu, nous persistons à proclamer cette vérité. Mais, vous, ne croyez pas avoir rempli vos ordres en vous contentant de nous faire comparaître ; prononcez et exécutez la sentence, n'ayez pas peur ; hâtez-vous de nous envoyer où nous attendent nos frères, que vous avez tués au mépris de toute justice ; car nous les avions précédés au combat, bien qu'ils nous aient précédés à la couronne. »

Comprenant par ces paroles la constance inébranlable des martyrs, le juge les condamna à mort. Ils reçurent leur couronne au lieu même où étaient tombés leurs frères.

Il y avait par hasard dans la ville voisine quelques esclaves romains qui étaient chrétiens. Ces pieux fidèles prirent d'eux-mêmes le soin d'ensevelir les saints martyrs. Ils dérobèrent leurs corps et les enterrèrent dans des lieux secrets. En s'acquittant de ce pieux devoir, foi vive et piété touchante! ils recueillirent la terre qui avait bu le sang des martyrs, et jusqu'aujourd'hui les chrétiens la conservent précieusement, et s'en servent avec succès pour la guérison de leurs malades.

Restaient encore les sept vierges dont nous avons parlé. Le roi les fit conduire à Lapeta, et ordonna de les mettre à mort pour effrayer les habitants. Quand elles passèrent, chargées de chaînes, à travers la ville, ce fut une émotion, une rumeur universelle, et on criait tout haut dans les rues qu'elles étaient innocentes, que c'était infâme de les faire mourir. Mais le juge, la sixième férie qui suivit la mort des martyrs dont nous avons parlé, fit conduire les saintes vierges en dehors des murs, à l'orient de la ville, et les interrogea ainsi :

« Vous éviterez les supplices, et vous serez mises en liberté, si vous voulez obéir aux édits du roi et prendre des époux. Voici les conditions: les acceptez-vous?

— Non, répondirent-elles. Nous adorons le Dieu unique, et nous n'en reconnaissons pas d'autres. Vous, exécutez sans délai vos ordres, nous sommes prêtes. Sachez que nous n'obéirons pas à un roi impie, que nous n'embrasserons pas le culte du soleil, que nous n'accepterons jamais d'époux. »

Après cette réponse, le juge donna ordre aux soldats de leur trancher la tête. Cette troupe de saintes vierges souffrit le martyre avec une force et un courage qui ne pouvait leur venir que du Christ, par qui elles espéraient que leurs corps leur seraient rendus un jour.

Elles gagnèrent leur couronne le 22 de la lune du même mois de mai. Leurs corps furent recueillis la nuit, et enterrés par les chrétiens de Lapeta.

MARTYRE

DE SAINT BADÈME, ABBÉ

(L'an de J.-C. 376.)

Vers le même temps, le roi fit jeter en prison le chef d'un monastère, saint Badème. Il était né à Beth-Lapeta, d'une famille puissante et riche. Élevé dans la pratique des vertus chrétiennes, il commença par distribuer son patrimoine aux pauvres; puis, abandonnant la ville, il se retira dans un monastère qu'il fit bâtir dans la campagne. Son premier dessein était d'y vivre dans une solitude profonde, uniquement occupé à penser à Dieu et à faire en toutes choses sa très-sainte volonté; mais, dans la suite, il se livra aux œuvres de la charité, accueillant avec la plus touchante bonté les indigents, les misérables, en quelque temps qu'ils vinssent à lui, et donnant les consolations les plus affectueuses à tous ceux qui avaient des peines et des chagrins. Sa mortification était admirable : souvent, après un jeûne d'une semaine entière, il ne prenait que du pain et de l'eau. A la mortification il joignait les veilles, au delà même de ce qu'il est possible à la nature humaine; car depuis le soir jusqu'au matin, durant la nuit entière, il restait en prière, les mains élevées au ciel. C'est bien un tel homme qui, à cause de la pureté de son cœur, habitera dans la maison du Très-Haut et montera sur la montagne sainte du Seigneur; qui a reçu la bénédiction de Dieu; qui a vu la face du Dieu de Jacob; qui a été, comme un pur levain, tiré de la masse impure de l'humanité, et conservé pour guérir la corruption de notre âge. Son sang, placé dans la balance en regard de nos mœurs lâches et dissolues, les accuse et les condamne. Il est cette pierre choisie, arrachée à la montagne de la foi, taillée dans le roc de la vérité. Il mit en fuite tous les vices : à sa vue, la sensualité, la volupté, la cupidité, la sordide avarice, jetèrent leurs armes et coururent se cacher dans les ténèbres. Le hasard de la naissance avait fait tomber sur lui l'opulence, le luxe et le faste, il les abattit et les foula à ses pieds. Alors, tous les vices s'étant enfuis, la pauvreté chrétienne et l'humilité s'attachèrent à ses pas; la foi, voyant briller en lui la justice, s'éprit de lui; la charité, la paix, la compassion, l'amour, l'honorèrent de leurs embrassements, et, ravies par ses vertus, firent en lui leur demeure, et s'y reposèrent comme sur un arbre dont les fruits et la suave odeur les charmèrent.

Voilà l'homme qu'on fit languir dans un affreux cachot, avec sept de ses moines, pendant quatre mois. Pendant ce temps on les tira trois fois de prison pour les appliquer à la torture : on les frappa avec le bâton, on les tourmenta de la manière la plus cruelle ; rien ne put ébranler leur constance, et les martyrs fatiguèrent les bourreaux.

Il y avait dans la même prison un homme d'un rang illustre, Narsès, surnommé Marajas, seigneur de la ville d'Arnunum, dans la province de Beth-Garmé. Ayant refusé d'adorer le soleil, il avait été jeté dans les fers ; mais la persévérance ne couronna pas un si beau commencement : sa piété s'affaiblit, son courage se lassa, et le malheureux déserta la foi chrétienne. Séduit par la vaine apparence des choses sensibles, épris de l'amour des biens périssables, il préféra la gloire d'un roi de la terre à la gloire du Roi des cieux. Il céda ; il fit même la promesse de se prêter à tout ce qu'on exigerait de lui.

Alors le roi, après en avoir délibéré, ordonna qu'on ôtât ses chaînes au généreux Badème et qu'on l'amenât à Lapeta, au lieu nommé Narfacta, où se trouve un palais royal. Narsès, au contraire, y fut conduit avec ses fers ; mais on lui promit la liberté s'il égorgeait de sa main Badème : il osa accepter. Badème, le voyant venir à lui le glaive à la main, lui jeta un regard sévère et lui dit : « Narsès, malheureux, ton grand âge t'a-t-il ôté la raison? Tu n'as pas horreur de répandre le sang des saints? Que vas-tu faire, et comment pourras-tu ensuite te présenter au tribunal du juste Juge? Pour moi, il m'est doux de mourir pour le nom de Jésus-Christ; mais j'aurais souhaité être frappé par une autre main que la tienne. » Narsès, pâle et troublé, ne laissa pas cependant de consommer son crime, et il leva le fer sur le martyr; mais sa main tremblante portait des coups mal assurés, et ce ne fut qu'après l'avoir frappé quatre fois qu'il fit tomber sa tête. Cette lenteur augmenta de beaucoup le supplice du martyr. Telle fut la mort glorieuse de saint Badème; mais le lâche parricide devint un objet d'horreur pour les païens eux-mêmes, et il mourut misérablement quelque temps après.

Le généreux soldat de Jésus-Christ gagna sa couronne la dixième lune du mois d'avril. Son corps fut recueilli par les chrétiens le soir même de ce jour, et déposé dans un magnifique tombeau.

Les sept moines qui avaient été mis en prison y restèrent quatre ans. Après la mort de Sapor ils furent mis en liberté.

ACTES

DES SAINTS MARTYRS ACEPSIMAS, ÉVÊQUE; JOSEPH, PRÊTRE; AITHILAHAS, DIACRE

(L'an 376 de J.-C.)

La trente-septième année de la persécution fut publié contre les chrétiens un édit cruel qui enjoignait aux satrapes de les battre de verges, de les lapider, de les torturer de toutes manières. Aussi, dans cette persécution, de généreux pasteurs que n'effrayaient pas les menaces des tyrans, que la crainte des supplices ne faisait pas fuir, furent-ils livrés au juge. Des délateurs venaient porter contre eux ces accusations : « Les chrétiens, ô juges, font tout pour détruire nos croyances. Ils prêchent un seul Dieu, défendent d'adorer le soleil et le feu, et emploient l'eau (1) à des ablutions impures. De plus ils prohibent le mariage, pour empêcher de procréer des enfants (2); ils défendent tout meurtre, pour détourner de la milice du roi. Ils permettent de tuer indistinctement toute sorte d'animaux, et d'enterrer les morts. Ils ajoutent que ce n'est pas le mauvais principe (3), mais Dieu lui-même qui a créé les reptiles, les serpents, les scorpions. Ils détournent enfin certains hommes (4) des fonctions publiques, pour les

---

(1) Nous avons vu, par plusieurs de ces actes, que les Perses adoraient le soleil, le feu et l'eau.

(2) Ces orientaux dissolus ne comprenaient rien à la continence chrétienne.

(3) Les Perses admettaient l'existence de deux principes éternels, l'un bon et l'autre mauvais, et c'était au mauvais principe qu'ils attribuaient la création des animaux malfaisants, les serpents, etc.

(4) Ils désignaient par là les prêtres qui, pour se dévouer tout entiers à leur saint ministère, refusaient tout emploi civil.

dévouer à des doctrines de mensonge qu'ils appellent *les Écritures.* » Ces accusations ridicules, répétées sans cesse aux juges, finirent par entrer pleinement dans leur esprit, et à les enflammer de colère.

Ainsi, Acepsimas, évêque de la ville d'Honita, et originaire du bourg de Phacaa, fut arrêté par les soldats ; c'était un vieillard vénérable et plus qu'octogénaire, mais plein de vigueur encore, et d'un extérieur qui révélait la noblesse de sa naissance. Livré à toutes les œuvres de la charité, il était devenu l'asile des pauvres et des étrangers : les misères de son prochain le touchaient plus que les siennes. Ses prédications avaient converti à la foi chrétienne un grand nombre d'infidèles : il se livrait à des jeûnes rigoureux, et était tellement adonné à l'oraison et à la contemplation, que le lieu où il s'agenouillait pour faire ses prières était continuellement trempé de ses larmes. Peu de jours avant d'être pris par les soldats, un chrétien nommé Papas, qui peignait sa chevelure (car Acepsimas, d'un embonpoint extrême, avait besoin qu'on lui rendît ce service), baisa avec respect sa tête, en s'écriant : « O heureuse tête, qui doit être consacrée par le martyre ! » Acepsimas à son tour embrassant Papas, s'écria : « Oh ! plaise à Dieu, mon fils, que ta prédiction s'accomplisse, et qu'il m'accorde le bonheur que tu m'annonces ? » Il y avait avec Acepsimas un autre évêque, qui, s'adressant à Papas, lui dit en riant :

« Eh bien, puisque tu es en train de nous prédire l'avenir, dis-moi aussi quel sera mon sort.

— Vous mourrez, lui répondit Papas, en allant dans le pays d'Aran. »

L'événement justifia les deux prédictions, car Acepsimas périt de la main des bourreaux, en confessant Jésus-Christ; et l'autre évêque mourut en se rendant dans la province d'Aran.

Comme les gardes emmenaient Acepsimas chargé de chaînes, et qu'ils passaient devant la maison du saint évêque, un chrétien qui l'accompagnait lui dit d'en confier le soin à quelqu'un, afin qu'elle ne tombât pas en ruines. « Cette maison, répondit Acepsimas, était à moi, il est vrai; mais elle ne m'appartient plus maintenant; je l'abandonne comme tout le reste : désormais, le Christ est tout pour moi; après lui je ne demande plus rien. »

On le conduisit à la ville d'Arbelle, et il comparut devant Adarcusciare. Celui-ci lui demanda : « Es-tu chrétien? »

Il répondit : « Oui, je le suis, j'adore le vrai Dieu. »

Le juge : « C'est donc vrai ce que j'ai entendu dire, que tu cherches à former une secte rebelle aux édits du roi? »

Acepsimas : « Oui, c'est vrai, je l'avoue. J'annonce aux hommes le seul Dieu véritable; je les exhorte à changer leurs mœurs dépravées et à mener une vie pieuse et pure, selon la règle tracée dans nos saints livres. »

Le juge : « On m'a parlé de toi comme d'un homme sage, et je juge à ton aspect vénérable de ton grand âge : aussi je ne puis trop m'étonner de te voir si loin de la vérité, et refuser tes hommages au feu, que tout l'Orient adore. »

Acepsimas : « Tout l'Orient, qui met la créature au-dessus du Créateur, qui méprise Dieu pour adorer l'ouvrage de ses mains, est dans une grossière erreur; et c'est vous qui, par vos institutions, entretenez les esprits dans ces superstitions insensées, qui faites adorer comme des divinités des choses qui évidemment ne subsistent que par la volonté et la puissance de Celui qui a créé le monde et tout ce qu'il renferme, et qui le gouverne par sa providence. »

Le juge : « Misérable! tu appelles insensées des institutions que le roi protége! »

Acepsimas : « Des doctrines qui regardent comme dignes de notre culte et de nos hommages de pures créatures, sont des doctrines de mensonge. »

Le juge : « Ne tiens pas un tel langage; mais, si tu veux

éviter les supplices et la mort, adore le soleil. Vois-tu, j'ai pitié de ton grand âge, j'ai peine à me résoudre à te faire périr misérablement. »

ACEPSIMAS : « Cessez plutôt vous-même de me faire entendre ce langage impie. La religion dans laquelle j'ai été élevé dès mon enfance, je ne la renierai pas dans ma vieillesse, et je dois plutôt, à mon âge, songer à conserver ce que j'ai acquis, et à mériter par ma constance la couronne qui m'est promise. Je me ris de toutes vos menaces. »

Le tyran fit étendre à terre le martyr, et après lui avoir fortement attaché les deux pieds, il le fit battre de verges si cruellement, que son sang jaillissait à flots, et que ses membres volaient en lambeaux. Pendant ce supplice, le juge lui criait : « Où est donc ton Dieu maintenant? que ne vient-il t'arracher de mes mains !

— Mon Dieu, répondit Acepsimas, pourrait, s'il le voulait, m'arracher de vos mains impies. Mais vous, ne vous glorifiez pas trop, sachez que vous êtes aussi fragile qu'une fleur, et que vous devez aussi bientôt mourir; ou plutôt déjà vous êtes mort; car la vie qui nous attend dans le sein de Dieu, notre créateur, vous ne la possèderez jamais, et celle dont vous jouissez maintenant, vous sera un jour ravie; puis, quand votre corps vous aura été rendu au jour de la résurrection, vous serez la proie des feux éternels. A votre grand désespoir, ce feu, à qui vous rendez aujourd'hui les honneurs divins, insensé! ce feu, instrument de la justice divine, dévorera à la fois votre corps et votre âme. » Ayant ainsi parlé, Acepsimas, par l'ordre du juge, fut chargé de chaînes et jeté dans un obscur cachot.

Vers le même temps était tombé entre les mains des soldats, Joseph, prêtre de Beth-Catuba, vieillard aux cheveux blancs, et septuagénaire, plein de zèle, et orné de toutes les vertus sacerdotales.

Fut aussi arrêté par les soldats Aithilahas, diacre, vieillard plus que sexagénaire, remarquable par une éloquence familière, et un grand talent de discussion : au reste, cher à tous par une modestie aimable et une douce gaieté; tout brûlant de l'amour de Dieu, et dévoué à Jésus-Christ du plus profond de son âme.

Ces saints martyrs furent conduits à la ville d'Arbelle, et cités au tribunal d'Adarcusciare, qui leur dit : « Misérables, et dignes du dernier supplice, pourquoi trompez-vous le vulgaire simple et crédule par vos doctrines insensées et vos pratiques magiques ? »

Joseph : « Nous sommes chrétiens, et avons horreur des arts ténébreux. Nous enseignons aux hommes la vérité. Au culte de vaines idoles nous substituons le culte du Dieu vivant. Voilà ce que nous faisons. »

Le juge : « Stupides, qui donc enseigne la vérité, le roi, le souverain du monde, les puissants de l'empire, tout ce qu'il y a d'élevé par la naissance et les richesses, ou bien vous, les derniers des hommes, des misérables, des mendiants ? »

Joseph : « Sachez que notre Dieu ne se soucie guère des richesses et des grandeurs de ce monde; pour nous, en préférant au luxe et à l'opulence l'indigence et la pauvreté, nous sommes assurés de lui plaire et de mériter par ce renoncement la gloire de la vie future, qui éclipsera toutes les splendeurs de la vie présente. »

Le juge : « Vains prétextes qui ne déguisent pas l'abaissement de vos âmes : c'est par une insigne bassesse de cœur, et pour ne pas vous livrer aux utiles travaux par lesquels on s'enrichit, que vous élevez la pauvreté au-dessus des richesses. »

Joseph : « Vous nous reprochez notre pauvreté, vous nous appelez des misérables : mais cherchez la cause de notre indigence, et vous verrez que nous ne tarderions pas à être plus riches que vous-mêmes, si nous voulions travailler de nos mains pour amasser des richesses. Ce que vous possédez est le fruit de la rapine et d'un gain sordide : autant nous versons dans le sein des pauvres, autant vous, vous dérobez. »

Le juge : « Les richesses font envie à tout le monde, et tout homme les convoite : qui peut donc vous croire quand vous dites : Nous, chrétiens, nous n'aimons pas les richesses? »

Joseph : « Nous les voyons, inconstantes et fugitives, passer dans les mains des mortels, et leur échapper sans cesse, et voilà pourquoi nous les dédaignons. Vous-mêmes qui les vantez tant, vous ne devez pas longtemps en jouir. Les richesses abandonnent le riche, et la puissance le puissant, qui vont enfin se confondre, comme tous les humains, dans la poussière du sépulcre. »

Le juge : « C'est assez, je ne veux plus t'entendre. En deux mots : veux-tu, oui ou non, adorer le soleil? Si tu y consens, tu es libre. »

Joseph : « Vous vous abusez si vous l'espérez : j'ai trop prêché aux autres que le soleil n'est pas un Dieu, que cet astre n'est rien que l'œuvre brillante du Créateur. »

Le juge, enflammé de colère, ordonna à dix soldats d'étendre Joseph par terre, et de le battre alternativement avec de grosses branches d'arbre encore garnies de leurs épines : ce qu'ils firent avec tant de cruauté, que le saint martyr semblait devoir expirer sous les coups. Mais lui, les yeux attachés au ciel, demandait secrètement à Dieu la force et le courage, et à la vue de son sang qui ruisselait de tous les membres de son corps, il s'écriait : « Je vous bénis de toute mon âme, ô Christ, fils de Dieu, de la grande grâce que vous me faites, de ce second baptême qui lave mon âme et la purifie de toutes ses souillures. » Ces paroles ne faisaient qu'irriter la rage des bourreaux; aussi ne laissèrent-ils sur son corps aucun endroit qui ne fût une plaie. Après cette terrible torture, il fut jeté dans la prison où était déjà Acepsimas.

Ce fut ensuite le tour d'Aithilahas. Le juge lui dit : « En deux mots, voici ce que je te demande : Adore le soleil, mange le sang des animaux, marie-toi, sois soumis au roi, et tous tes biens te sont conservés, et tu échappes aux tortures et à la mort, réservés à tous les chrétiens. »

Aithilahas lui répondit : « J'aime mieux la mort qui sera suivie de la vie éternelle, qu'une vie qui serait suivie d'une éternelle mort. Buvez le sang, vous, si vous en avez soif; adorez le soleil, aveugles dont les yeux sont fermés à cette lumière de la vérité qui s'est élevée sur la Perse, et qui brille aussi par toute la terre. »

Le juge, dissimulant la colère qui le saisit à ces paroles, répondit avec calme : « Vous, qui préférez la mort à la vie, et qui conseillez de fuir la vie et de chercher la mort, peut-on vous croire à moins d'être aussi insensé que vous? »

Aithilahas : « Insensés vous-mêmes, qui êtes si éloignés de la vérité ! C'est d'après les enseignements de notre divin maître que nous recherchons comme la vie ce que vous appelez la mort, et que nous fuyons comme la mort ce que vous appelez la vie. »

Alors le tyran, se livrant à toute sa fureur, commanda à ses bourreaux de lier les mains du saint martyr au-dessous des genoux, puis de passer une poutre entre ses mains ainsi attachées et ses reins ; alors douze hommes pesèrent de chaque côté de la poutre de tout leur poids : tourment inouï, qui tendait avec d'affreuses douleurs tous ses membres. Après cela il fut cruellement battu de verges : cependant il ne cessait d'insulter au tyran, qu'il ne craignait pas de comparer à ces chiens qui se plaisent à lécher le sang, ou à ces corbeaux immondes qui font leur pâture de tous les cadavres. Le tyran, à ces outrages, grinçait des dents et frémissait de rage ; il gourmandait les bourreaux, leur reprochait de ne pouvoir pas même réduire au silence un faible vieillard, bien loin d'abattre son courage et d'abaisser sa fierté. Après cette affreuse flagellation, le saint martyr, qui avait perdu dans ces tourments l'usage de ses membres, fut rapporté dans sa prison, auprès de ses compagnons, le corps brisé, les nerfs rompus, les os tout disloqués.

Cinq jours après, les martyrs furent encore tirés de prison pour être de nouveau appliqués à la torture; ce qui eut lieu dans des jardins proches de la prison. Le juge leur dit : « Êtes-vous toujours dans vos folles idées, et ne voudrez-vous pas enfin, misérables, obéir aux édits du roi ? »

Les martyrs répondirent d'une voix unanime : « Nous n'avons tous les trois qu'une seule et même pensée, une seule et même résolution, une seule et même foi. Aussi souvent que vous recommencerez les tortures, aussi souvent vous nous trouverez inébranlables. Nous n'obéirons jamais à des édits injustes. Déployez contre nous, si vous voulez, tout ce que votre orgueil blessé et votre fureur ont en leur puissance. »

Le juge alors leur fit subir les plus affreux supplices. Les bourreaux les ayant étendus par terre, leur lièrent les jambes, les cuisses et les côtes avec des cordes; puis, passant dans chacune des cordes un bâton, ils les serrèrent si fortement qu'on entendait craquer leurs os. « Obéissez, leur disait-on, pendant qu'ils étaient torturés ainsi, si vous voulez sauver votre vie. » Mais les martyrs, le visage impassible, répondirent tous à la fois d'une voix ferme : « Notre espoir est en Dieu, nous n'obéirons point aux ordres impies du roi ! » Tous les jours, et pendant bien longtemps, c'était de nouveaux assauts, d'où les martyrs sortaient avec autant de gloire; cependant on leur faisait endurer toute espèce de supplices, les coups, la faim, et des privations de toute sorte; personne ne pouvait leur offrir, soit du pain, ou quelque nourriture que ce fût, soit un lit, soit des habits : quiconque eût tenté de le faire aurait reçu cent coups de bâton, et on lui eût coupé le nez et les mains. Leurs compagnons de captivité allaient donc tendre leur main à chaque porte, et leur apportaient ce qu'ils avaient recueilli. Les gardiens de la prison, surtout, se montrèrent généreux et compatissants, émus qu'ils étaient du grand âge et des tourments des saints martyrs.

Trois années se passèrent ainsi, au bout desquelles le roi vint en Médie : à cette occasion, tous les confesseurs furent tirés de prison ; on n'eût pas dit des hommes, à peine conservaient-ils quelques traits de la figure humaine ; aussi les cœurs les plus durs étaient émus et laissaient couler des larmes à la vue de tant de misères et de souffrances. De la prison ils furent conduits au palais du roi, et présentés à Adarsapor, chef de tous les satrapes de l'empire ; ils refusèrent de se prosterner devant lui. Là, en présence d'un nombre considérable de satrapes et de hauts dignitaires de l'État, on leur fit subir cet interrogatoire.

« Êtes-vous chrétiens ? »

Les saints martyrs : « Oui, nous sommes chrétiens, nous adorons le Dieu unique, créateur et souverain seigneur de toutes choses. »

Le juge : « A votre visage, je vois que vous êtes d'un grand âge et que vous avez beaucoup souffert. Je vous engage donc à ne pas chercher une mort certaine ; adorez le soleil, obéissez au roi, et je vous fais grâce ; mais il y a contre ceux qui persistent dans votre religion peine de mort. »

Acepsimas : « Vous avez beaucoup à faire, si vous ne voulez pas renoncer à l'espoir de triompher de nous. Pourquoi nous faire attendre ? hâtez donc notre supplice. Vos menaces ne nous effraient pas, et, qu'on nous offre la vie, ou qu'on nous donne la mort, rien au monde ne nous fera céder, et renoncer à Dieu. »

Le juge : « La mort est la fin des peines ; c'est la mort que vous voulez, je le sais bien ; mais moi, ce n'est pas votre mort, ce sont vos tourments : je ne mettrai fin à votre vie que quand je vous l'aurai rendue plus odieuse que la mort.

Voyez-vous, je veux que votre supplice épouvante à jamais tous ceux de votre secte. »

Acepsimas : « Que nous font vos menaces, vos tortures, vos glaives? Le Dieu qui a jusqu'à présent soutenu notre courage dans toutes nos épreuves, le soutiendra toujours, nous l'espérons, et nous rendra plus forts que tous vos supplices. Essayez donc, sur ces corps affaiblis par l'âge, mais non pas épuisés cependant, toutes les ressources de votre rage : l'espérance qui remplit nos cœurs nous donnera une constance que vous n'abattrez jamais. Vous verrez à votre honte que vous vous êtes trompés, vous serez confondus. »

Le tyran, ne pouvant contenir sa fureur, se fait apporter quatorze courroies toutes neuves, et : « Je le jure par le soleil, s'écria-t-il, et par la fortune du roi Sapor, que si à l'instant même vous n'obéissez, je vous fais mettre en pièces, et qu'il ne restera pas même un lambeau de votre chair. »

Acepsimas :.« Puisque vous avez pris à témoin votre dieu, qui pourtant n'est pas un dieu, et la fortune du roi Sapor, qui n'est qu'un vain nom, je ne doute pas que vous ne teniez votre parole. Mais quant à nous, promettez-nous la vie, menacez-nous de la mort, nous resterons fidèles à Dieu. A vous nous livrons nos corps, et à lui nos âmes : faites donc ce que vous avez juré de faire, c'est aussi notre plus cher désir. »

Alors trente hommes saisissent le saint martyr, et se mettent quinze d'un côté, quinze de l'autre, à le tirer avec violence, tandis que deux bourreaux, armés de lanières, le frappent sur le dos et sur la poitrine. Flagellation atroce! tout son corps était déchiré, et les lambeaux de sa chair se mêlaient à des flots de sang. Cependant d'autres hommes, placés devant lui, ne cessaient de l'exhorter à apostasier, en lui promettant de faire cesser à l'instant sa torture. Le martyr, tant qu'il put articuler une parole, s'écriait : « Je ne reconnais pas des édits impies; je meurs fidèle à la loi de

Dieu. » Et quand, épuisé par les souffrances, il eut perdu l'usage de la voix, comme on ne cessait de l'exhorter encore à acheter sa vie par l'apostasie, ne pouvant plus parler, il secouait au moins la tête, pour attester jusqu'au dernier moment sa constance. Ainsi mourut ce glorieux martyr : il avait expiré, les bourreaux s'acharnaient encore sur son corps inanimé; les bras, les épaules étaient meurtris et disloqués; sa tête, n'étant plus soutenue par les muscles de son cou, s'était affaissée sur sa poitrine. Enfin, s'apercevant qu'il était mort, les bourreaux se retirèrent. Son corps fut jeté hors de la ville, et gardé par des soldats; néanmoins, trois jours après, par les soins de la fille du roi d'Arménie, qui se trouvait retenue en ôtage en ces lieux, ses saintes reliques furent recueillies secrètement. Acepsimas termina son glorieux martyre le dixième jour de la lune d'octobre.

Après Acepsimas ce fut le tour de Joseph. Adarsapor lui dit : « Vous avez vu de quelle mort misérable a péri votre insensé compagnon. Suivez donc nos conseils : adorez le soleil, soumettez-vous aux volontés du roi, si vous voulez vous éviter un pareil sort. »

JOSEPH : « Je n'adore pas le soleil, parce qu'il n'est pas Dieu; je ne me soumets pas aux volontés du roi, parce qu'elles sont injustes; ce serait un crime d'offrir à la créature un culte qui n'appartient qu'au Dieu créateur. Quant à vous, faites ce que vous voudrez. »

Le tyran, dans sa rage insensée, le fit tirer en divers sens, comme Acepsimas, par trente hommes, et battre cruellement avec des lanières de cuir, jusqu'à ce que tout son corps sanglant ne fût plus qu'une plaie. Pendant qu'on le frappait ainsi, les spectateurs lui criaient d'acheter sa liberté et sa vie par un acte de soumission au roi; le saint martyr leur répondait : « Il n'y a qu'un Dieu, il n'y en a qu'un seul : il n'y a qu'une vérité, celle que je confesse. Nous sommes trois compagnons de supplices, mais nous n'avons qu'une seule et même croyance. » Cependant les bourreaux ne s'arrêtaient pas et frappaient de plus fort en plus fort. La violence des coups lui ôtant la respiration, on le crut mort, et ceux qui le tenaient l'ayant lâché, il tomba sans mouvement : alors on le traîna hors de la ville ; mais bientôt on s'aperçut qu'il respirait encore, et on le fit garder par des soldats.

Cependant Aithilahas est amené devant le juge, qui, regardant fixement ce vénérable vieillard, lui dit : « Eh bien, tiens-tu encore aux dogmes insensés qui ont conduit tes deux compagnons à la mort? Vas-tu adorer le soleil, et te soumettre aux volontés du roi? Si tu le fais, non-seulement tu évites la mort, mais je te promets encore les plus grands honneurs. »

AITHILAHAS : « Je m'étonne vraiment de votre simplicité. Comment, quand j'ai vu des vieillards bien plus débiles que moi triompher cependant de vos tortures, et gagner par le généreux sacrifice de leur vie une gloire immortelle, vous croyez que je ne rougirais pas de me montrer moins courageux, et de perdre par une inqualifiable lâcheté la couronne impérissable qu'ils ont mise sur leur tête ! Non, non! je ne trahirai jamais mon Dieu ! Je ne me soumets pas à un roi qui fait depuis longtemps la guerre à l'honneur et au devoir? » Le juge trouvant cette réponse injurieuse au roi, fut transporté de fureur, et il livra le martyr à quarante bourreaux qui, divisés en deux troupes, lui tirèrent avec violence les deux bras, tandis que d'autres le frappaient sans pitié avec des courroies toutes neuves. Cette flagellation fut exécutée avec tant de barbarie, que tout son corps fut déchiré et ensanglanté. Lui, cependant, criait au juge : « Tes tortures sont trop douces, faible et impuissant tyran ; si tu as d'autres bourreaux, mets-les encore à l'œuvre, car tes supplices n'ont fait que me donner de nouvelles forces. » Le juge, à ces paroles, se tournant vers les assistants : « Qu'est ceci, leur dit-il? ces misérables demandent la torture et la mort, comme s'il s'agissait d'une fête !

— C'est l'effet de leur folle croyance, répondirent ceux-ci ; ils attendent dans une autre vie un bonheur sans fin. » Les tortures n'avaient fait qu'une plaie de tout le corps du saint martyr. Ses bras étaient démesurément tendus, ses membres disloqués, ses nerfs rompus et ses os brisés ; la peau seule semblait retenir ses membres. Présenté en cet état au juge par deux des bourreaux, le juge lui dit : « Si tu veux te soumettre ; il en est temps encore, les médecins auront bientôt guéri tes plaies.

—Les médecins seraient bien habiles, répondit en souriant le saint vieillard ; mais quand même ils pourraient guérir les plaies que vous m'avez faites, et me rendre ma santé et mes forces, je ne voudrais pas même à ce prix renier le Dieu créateur du ciel et de la terre, et adorer le soleil sa créature. »

Le juge : « Y a-t-il une seule partie de ton corps qui ne soit déchirée et brisée ? cependant tu ne veux pas encore te rendre, tu refuses la vie que je t'offre. Eh bien, je vais faire un exemple terrible, je veux que ton supplice épouvante à jamais ceux qui seraient tentés d'imiter ton audace. »

Le martyr : « Vous avez, sans le savoir, prononcé un oracle, et, je l'espère bien, notre mort, un jour, sera pour tous nos frères un noble exemple de constance et de fidélité ; nos combats pour la foi rendront glorieuse notre mémoire ; la victoire que nous venons de remporter par notre patience dans vos tourments, nous couronne dans notre vieillesse de verts lauriers, de fleurs qui ne peuvent se flétrir, et qui prêteront à nos fronts ridés par l'âge tout l'éclat de la plus florissante jeunesse, au jour suprême de la résurrection des corps. »

Adarsapor appelle alors Adarcusciare, gouverneur d'Habiabe, et lui dit : « Si ces misérables survivent, je veux qu'on les ramène dans leur pays, et que là ils soient lapidés par les hommes de leur secte eux-mêmes. C'est pour cela que j'ai veillé à ce qu'on ne les fît pas expirer dans les tourments. »

On plaça donc les deux saints martyrs, Joseph et Aithilahas, sur deux chevaux ; mais il fallut les y attacher, de peur que le mouvement de la bête ne les fît tomber ; car ils étaient incapables de se soutenir, ayant les membres déchirés, les nerfs rompus et les os brisés. Quand on faisait une halte, pour soulager les montures, les conducteurs, encore animés contre les martyrs de toute leur fureur, les jetaient par terre, comme ils eussent fait d'un morceau de bois ou d'une pierre. C'est ainsi qu'on les transporta à Arbelle, où ils furent jetés dans une prison. Ils restaient là, ces vieillards vénérables, étendus et baignés dans leur sang, comme des cadavres déjà glacés. Des gardes furent placés à la porte de la prison, pour empêcher tout chrétien d'y pénétrer.

Il y avait à Arbelle une noble dame chrétienne, dont la mémoire est vénérée, et dont nous avons déjà parlé ailleurs (1) : cette dame rendit toutes sortes d'honneurs aux saints martyrs de Dieu. On dit aussi qu'elle nourrissait tous les chrétiens emprisonnés dans cette ville d'Arbelle pour le nom de Jésus-Christ. Ayant donc appris quels tourments avaient endurés les saints martyrs, et dans quel état ils se trouvaient, elle manda le gardien de la prison, et essaya d'abord par ses prières, ensuite en lui offrant une grande somme d'argent, d'obtenir de lui que les saints martyrs pussent être transportés de leur prison dans sa demeure, afin de jouir quelques instants de leur présence. Celui-ci y consentit non sans peine et en tremblant. Elle les fit transporter la nuit par ses esclaves dans sa maison ; là, elle pansa elle-même leurs plaies, elle baisa respectueusement leurs mains et leurs bras meurtris par les tortures, et à la vue de l'état misérable où les avaient réduits les tourments, elle ne pouvait retenir ses larmes : ils paraissaient en effet comme inanimés et sans sentiment. Le saint martyr Joseph, la voyant tout en pleurs,

---

(1) Voyez page 84, les actes des cent vingt martyrs.

lui dit : « C'est mal à une chrétienne de pleurer ainsi la mort des martyrs.

— Ce n'est pas votre mort que je pleure, lui répondit la noble dame ; bien au contraire, je vous féliciterais, si vous aviez pu mourir ; mais vous voir en un tel état d'abandon et de souffrance, voilà ce qui m'afflige.

— Ces souffrances, répondit le saint martyr, sont bien douces, quand on pense à ce qu'a dit le Seigneur : *Qu'elle est étroite et difficile la voie qui conduit à la vie, et qu'il y en a peu qui la trouvent !* Et encore : *C'est celui qui persévèrera jusqu'à la fin qui sera sauvé.* L'Apôtre n'a-t-il pas dit aussi : *J'ai été trois fois battu de verges, et lapidé une fois.* Et ailleurs : *Les hommes qui ont été dans la tribulation, le monde n'en était pas digne.* Vous donc qui êtes chrétienne, vous devez vous réjouir des longs combats des martyrs ; car plus ils sont éprouvés, plus belle et plus riche sera leur couronne. »

Le lendemain ils furent ramenés dans leur prison, où ils restèrent pendant six mois, jusqu'en avril, en proie à toutes les misères qui accompagnent le séjour dans de tels lieux. Cependant le magistrat qui présidait à la question fut remplacé par un autre plus méchant encore que lui, et pire qu'une bête féroce ; il se nommait Zarusciatès. Ce nouveau magistrat étant arrivé à Arbelle, se rendit dans un temple pour adorer le feu ; les prêtres saisirent cette occasion de l'animer contre les martyrs. « Il y a ici, lui dirent-ils, dans les prisons, depuis trois ans et demi, deux misérables de la secte des chrétiens, sur lesquels votre prédécesseur Adarcusciare a essayé en vain tous les supplices. » Sur-le-champ Zarusciatès fit appeler les saints martyrs, et, jetant sur eux un regard menaçant et terrible : « O les plus audacieux des hommes, leur dit-il, comptez-vous pour rien les lois sévères de Sapor, le roi des rois, et le maître du monde, ce prince invincible qui a ruiné de puissants empires, pris des places imprenables et soumis tous les peuples du monde ? Au sein même de ses États, dans ses cités vous méprisez ses lois et sa puissance !

— Si nous sommes des rebelles, répondit Joseph, pourquoi le roi n'envoie-t-il pas contre nous ses armées, afin de nous contraindre, comme ces peuples dont vous nous parliez, à reconnaître son empire? et pourquoi abandonne-t-il cette province au plus lâche de tous les hommes, à vous, qui tremblez rien qu'au bruit d'une feuille? Pourquoi, en effet, au lieu d'aller dans les forêts vous livrer aux exercices guerriers de la chasse, ne songez-vous qu'à passer le temps dans les plaisirs avec des femmes? Rougissez, malheureux, de votre infâme office; car vous ne venez pas, comme un guerrier vaillant, soumettre au roi des peuples rebelles; vous venez pour détourner du culte du vrai Dieu quelques faibles et lâches chrétiens. Mais c'est bien en vain que vous vous flattez de réussir auprès de nous. Sachez-le, nous ne trahirons jamais notre Dieu!

— Misérable, reprit le juge, je vois bien ce que tu voudrais; tu crois en m'insultant provoquer ma colère, tu voudrais que je me hâtasse de faire tomber ta tête pour t'épargner de plus longs tourments; mais non, non, je te retrouverai toujours, tu ne peux m'échapper.

— Et vous, répondit le martyr, vous dissimulez ce que votre fureur nous prépare; mais, pâle et livide comme la vipère prête à lancer son poison, votre visage vous trahit. Eh bien, déployez tout ce que vous avez en votre pouvoir : tirez votre épée meurtrière, et noyez dans notre sang innocent les chagrins de votre âme. Malheureux, qu'attendent les feux éternels, hâtez-vous donc de nous faire mourir, envoyez-nous au plus tôt dans l'heureux séjour de la paix et du repos. »

Alors le tyran fait suspendre le saint martyr par les doigts des pieds, la tête en bas; puis des bourreaux armés de lanières de cuir frappent de toutes leurs forces ses membres déjà déchirés par les flagellations précédentes. Ses reins, ses côtés, sa poitrine, sont tout inondés de sang, et les assistants, émus de compassion, versent des larmes. Cependant les mages lui disaient tout bas : « Si vous avez honte de vous rétracter en présence de tant de personnes, nous allons vous porter dans le temple du feu, et là, sans aucun témoin, vous adorerez le soleil, et vous serez libre.

— Arrière, impies, criait le saint martyr ; adorateurs du feu, entretenez-le soigneusement, rendez-lui maintenant vos hommages ; mais un jour vous serez consumés par votre dieu. »

Après qu'il fut pendant deux heures suspendu, ainsi que nous l'avons dit, la tête en bas, dans d'intolérables souffrances, on le détacha, et le juge lui adressa ces paroles : « Tu ne te rends pas encore, homme le plus opiniâtre qui fut jamais ! Allons, veux-tu la vie ?

— Non, répondit le martyr : j'aime mieux mourir que de vous devoir la vie. »

LE JUGE : « Eh bien, tu mourras. »

LE MARTYR : « Cette mort, c'est la vie ; mais la vie que vous m'auriez donnée eût été la mort. »

LE JUGE : « Je t'ai déjà brisé par la torture ; mais je veux t'arracher, dans des tourments encore plus affreux, le souffle qui te reste. »

LE MARTYR : « Vous aurez beau faire, vous ne poûvez rien sur mon âme, et nos livres saints nous le disent : *Ne craignez pas celui qui tue le corps, mais qui ne peut tuer l'âme : craignez au contraire celui qui peut livrer le corps et l'âme aux feux éternels.* Oui, vous avez brisé mon corps par la torture ; il était dans vos mains ; mais mon âme, en arracherez-vous l'immortelle espérance de cette résurrection qui nous attend, nous, chrétiens? tandis que vous, ennemis des saints, vous n'avez à attendre que des pleurs éternels et des grincements de dents. »

Le juge, avec un sourire ironique : « S'il en est ainsi, oh ! comme alors tu te vengeras de moi. »

Lé martyr : « Notre très-doux Sauveur nous a dit : *Priez pour vos ennemis, bénissez ceux qui vous maudissent ; faites du bien à ceux qui vous haïssent et vous persécutent.* »

Le juge, continuant à railler : « Alors tu me pardonneras tout ce que je t'ai fait souffrir. »

Le martyr : « Dans cette autre vie il n'y a plus de pardon, et nul ne peut payer pour un autre. Quant à présent, je chercherai à vous rendre Dieu propice, le conjurant de tourner sur vous les yeux de sa miséricorde, de se faire connaître à vous, et de vous apprendre à n'adorer que lui seul. »

Le juge, reprenant son ton sévère : « Tû diras tout cela dans cette autre vie où je vais t'envoyer. Veux-tu te soumettre au roi ? »

Le martyr : « Cette mort dont vous me menacez est mon plus cher désir, et j'appelle de tous mes vœux cette éternelle vie pour laquelle j'ai enduré tous les tourments. »

Le juge : « Tu ne sais donc pas que je te prépare des supplices terribles, qui épouvanteront à jamais tous ceux qui seraient tentés de t'imiter. »

Le martyr : « J'ai triomphé jusqu'à présent de toutes vos tortures ; si vous m'en préparez de plus affreuses, j'en triompherai encore, et la jeunesse chrétienne, vous voyant vaincu par un faible vieillard, apprendra par mon exemple à ne pas redouter un impuissant tyran. Le Dieu qui m'a soutenu dans mes combats, me soutiendra jusqu'à la mort. »

Alors le juge ordonna d'emmener le saint vieillard ; et comme il avait perdu dans les tourments l'usage de ses jambes, les soldats furent obligés de le porter eux-mêmes à la prison. Bientôt après il eut à soutenir un nouveau combat.

Le juge : « Voyons, es-tu toujours opiniâtre, et refuses-tu encore d'adorer le soleil pour sauver ta vie ? »

Aithilahas : « Tant que vivra le Christ, Fils de Dieu, il aura ma foi ; rien ne me fera renier mon Dieu. Jamais je ne mettrai le Créateur au-dessous de sa créature ; jamais je ne rendrai aux ouvrages des mains de Dieu le culte qui n'est dû qu'à Dieu seul. »

Alors le juge commanda aux soldats de le pendre la tête en bas, et le saint martyr resta de longues heures suspendu ainsi, ne cessant de crier de toute sa force : « Je suis chrétien ! je suis chrétien ! Que tous m'entendent et sachent que je ne souffre ainsi que parce que je suis chrétien ! »

Il y avait dans la prison des martyrs un manichéen qui, appliqué à la question, fit comme tous les manichéens, secte aussi lâche qu'artificieuse ; il abjura sur-le-champ la vaine croyance de ces sectaires. On amena Aithilahas pour lui montrer cet homme, et on lui dit : « Vois-tu, celui-ci s'est soumis, et il est libre. » En effet, le manichéen, en signe d'apostasie, tuait des fourmis, animaux qui, dans les idées de la secte, ont des âmes. A la vue de l'apostat, un rayon de joie illumina tout à coup le front du martyr ; par un mouvement instinctif, ses bras, quoique brisés par la torture, s'agitèrent et se soulevèrent un peu, et il s'écria : « Ah ! Manès, te voilà vaincu, et vaincu avec toi ton Dieu, qui n'est pas un Dieu ! Et moi, ô bonheur ! je triomphe, et triomphe avec moi le Christ, fils de Marie, qui a été et sera à jamais ! » Ces paroles exaspérèrent le tyran, qui fit battre de verges le saint vieillard jusqu'à ce qu'il tombât sans sentiment. Alors on le prit, on le dépouilla de ses vêtements, et on le traîna au loin, et il resta étendu sur la terre dans un état de complète nudité, et il serait sans doute resté toujours dans cet état, ne pouvant faire usage de ses mains et prendre lui-même des vêtements, si un mage, qui en eut compassion, ne l'eût couvert de son propre manteau, afin de lui épargner cette honte. Le mage, pour cette noble action, fut accusé par ses collègues auprès du juge, qui lui infligea un châtiment atroce : il reçut deux cents coups de bâton, et expira sur la place ; aussi, je n'en doute pas, Dieu l'aura reçu dans sa miséricorde. Enfin Aithilahas fut relevé et ramené dans sa prison.

Cinq jours après, on apprit que Tamsapor était arrivé dans sa résidence de Thabaha, nom qui signifie *Maison du boucher;* elle le méritait bien, puisque de là partirent tant de sentences de mort. Les deux martyrs, Joseph et Aithilahas, furent donc traduits par le juge devant Thamsapor. Celui-ci leur dit : « Je vous mets en liberté si vous consentez à manger du sang (1); car je veux être indulgent pour votre grand âge. »

LES MARTYRS : « Du sang, mangez-en vous-même, vous qui l'aimez tant. » Le tyran les pressa longtemps, ils furent inébranlables; enfin il ordonna de les flageller. Pendant qu'on préparait les verges, un des assistants, ému de quelque compassion, leur suggéra ce moyen d'échapper au supplice : « Au lieu de sang, leur dit-il, nous vous offrirons du jus de raisin, vous le boirez, et vous éviterez la mort.

— A Dieu ne plaise, répondirent les martyrs ! Dissimuler notre foi par la crainte des tourments, ce serait déshonorer notre vieillesse. » Ils reçurent chacun quarante coups. Ce ne fut pas la fin. Tamsapor les pressait encore : « Je vais vous faire apporter la chair toute fraîche d'un animal étouffé; mangez-la, leur dit-il, et je vous fais grâce.

— Elle deviendrait impure, répondirent les martyrs, en passant par vos mains. Songez donc plutôt au genre de mort qui nous convient : un homme comme vous l'aura bientôt trouvé. »

Après en avoir délibéré ensemble, Tamsapor et le juge décidèrent qu'on rassemblerait tous les chrétiens illustres et toute la populace d'Arbelle et des environs, et qu'on les forcerait à lapider les deux martyrs. On amena donc au lieu du supplice une foule immense d'hommes, de femmes et d'enfants pour les rendre complices du crime : dans cette foule se trouva la noble dame chrétienne Jazdondocte.

(1) On voit que les chrétiens d'Orient observaient encore la défense faite par les apôtres au concile de Jérusalem, de s'abstenir *a suffocato et sanguine.*

Cependant Joseph était de nouveau traduit devant le juge et devant Tamsapor, en présence d'un nombre considérable de hauts personnages : il comparut sous le plus triste aspect; ses traits, altérés par la souffrance et la prison, étaient méconnaissables; ne pouvant se tenir sur ses jambes, il s'appuyait sur un esclave. Quand il fut en présence de cette nombreuse assemblée, il fit signe au juge comme s'il eût voulu lui parler à l'oreille. Celui-ci, aussitôt s'élançant de son siége, s'avance vers le martyr et tend l'oreille, croyant qu'il va abjurer. Joseph lui crache au visage, et inonde toute sa face, en lui disant : « Voilà pour toi, misérable, qui n'as pas honte de citer devant toi un vieillard près d'expirer ! » Un rire inextinguible s'empara de Tamsapor et de toute l'assistance, et le malheureux juge fut couvert de confusion. « Qui vous a dit de vous approcher de lui, lui disait-on, et qu'alliez-vous chercher ? » Cependant on ordonna de conduire le saint vieillard au lieu où il devait être lapidé, et on força par toutes sortes de violences plus de cinq cents personnes à s'y rendre pour exécuter la sentence. Quand on fut arrivé, on enterra le martyr jusqu'aux épaules dans une fosse creusée d'avance, puis les soldats excitèrent la foule à le lapider. Ils s'adressèrent à Jazdondocte; mais cette noble dame refusa avec énergie et indignation : « Il est inouï, disait-elle, qu'on veuille forcer des femmes à servir de bourreaux ! » Alors les soldats lui présentèrent une aiguille au bout d'un roseau, en lui disant : « Si vous ne voulez pas jeter des pierres contre lui, au moins étendez la main, et piquez-le avec cette aiguille, pour faire semblant d'obéir au roi.

— Plutôt me percer moi-même, répondit en gémissant la pieuse chrétienne, que de faire quelque chose contre le saint athlète du Christ ! Faites-moi mourir, si vous voulez; je mourrai avec joie avec lui plutôt que d'aider en quoi que ce soit à verser le sang innocent. » Cependant les pierres volaient de tous côtés contre le saint martyr, et déjà elles s'amoncelaient autour de lui, et on ne lui voyait plus que la tête, toute meurtrie de coups et toute sanglante. Un des hauts personnages qui étaient présents, ému de compassion, et pour abréger cet affreux supplice, dit à un soldat de l'achever en lançant sur lui une pierre énorme; le saint martyr expira à ce coup. On garda son corps pendant deux jours; sur le soir du troisième, il s'éleva un affreux orage : un vent violent mugissait, le tonnerre grondait, d'affreux tourbillons bouleversaient les airs; tout était dans la consternation et l'épouvante; plusieurs gardes furent frappés de la foudre. Au milieu de ces horreurs de la nature, le corps du saint martyr disparut : qui, de Dieu ou des hommes, l'enleva? On ne le sut pas, et on n'a pas encore découvert le lieu de sa sépulture. Ce glorieux martyre de saint Joseph fut consommé la sixième férie de la première semaine de la Pentecôte (*le sixième vendredi de la première semaine après Pâques*).

Après cela, Tamsapor fit transporter Aithilahas à Dastgarar. Tous les habitants, et le gouverneur lui-même, qui était chrétien, furent entraînés à la suite du martyr hors de la ville et le lapidèrent sur une colline : il fut entièrement enseveli sous les pierres : des soldats furent aussi préposés à sa garde : mais peu de temps après des chrétiens, à la faveur de la nuit, dérobèrent son corps, et l'ensevelirent à la hâte et en tremblant. Dieu lui donna la gloire des miracles. Un beau myrte crut sur le lieu même où Aithilahas avait été lapidé : ses feuilles et ses branches appliquées avec foi aux malades, les guérissaient. Ces prodiges eurent lieu pendant cinq ans, jusqu'à ce qu'une main impie déracinât l'arbre miraculeux. Des témoins dignes de foi racontaient aussi que souvent la nuit on voyait descendre des anges sur la terre arrosée du sang du martyr, puis remonter au ciel en faisant entendre des chants divins. Ce fut la cinquième férie de la dernière semaine de la Pentecôte (le jeudi d'avant la Pentecôte) que le bienheureux Aithilahas cueillit la palme du martyre.

CONCLUSION

Voilà l'histoire des combats de nos martyrs, à commencer par ceux qui se sont levés les premiers pour cette guerre jusqu'à ceux qui sont entrés les derniers dans la lice : tous généreux et magnanimes, couverts d'armes invincibles, ils luttèrent avec gloire, et comme de vaillants guerriers, ils tombèrent blessés par devant, et le visage tourné vers l'ennemi. A nous qui venons après eux ils ont laissé, au prix de leur sang, honneur et gloire, repos et prospérité.

Armés des armes de la foi, de la cuirasse de la vérité, de l'épée de la parole de vie, de la lance des saintes Écritures, ils ont vaincu les tyrans. Siméon ouvrit la carrière, glorieusement fermée par les trois vénérables vieillards dont nous venons de raconter le martyre. Après quarante années d'une atroce persécution, enfin le glaive qui s'enivrait du sang des saints a cessé de luire sur nos têtes : les martyrs qu'il a immolés brillent d'une splendeur nouvelle, tandis que le tyran est couché dans son tombeau. Ceux qu'il a écrasés sous la pierre se sont relevés, et lui il est renversé dans la poussière; au contraire ils vivent, ils vivent glorieux ceux qui furent ses victimes. Il commença la persécution la trente et unième année de son règne, et la soixante-dixième il cessa de vivre. Il grandit dans le sang, il parvint à la vieillesse à travers les massacres. Son glaive, aiguisé contre Siméon Bar-Saboé, s'émoussa enfin contre Acepsimas et ses compagnons; maintenant il attend son jugement, et eux leur résurrection; il attend l'enfer, et eux le ciel; il attend la damnation, et eux l'éternel royaume.

Quant à moi, homme impuissant, homme de néant, si j'ai osé, malgré ma faiblesse, raconter leur histoire, oh! ce n'est pas présomption ni audace; mais je voulais entrer en communion avec ces saints martyrs, et j'espérais de leur mémoire le pardon de mes péchés ; je voulais répondre aussi à un désir ardent de quelques âmes pieuses qui brûlent d'entendre le récit des combats et des triomphes des saints, de ceux surtout qui ont illustré nos provinces d'Orient. Si mon style est pâle et décoloré, leur sang, mêlé à ma parole, lui donnera, je l'espère, assez d'éclat, d'éloquence et de beauté.

Au reste, tout ce que j'ai raconté des martyrs, de leurs tortures, de leurs flagellations ; de leurs différents genres de mort, soit par le glaive, soit par la lapidation ; de leur patience, de leurs magnanimes réponses devant les juges, tout cela m'a été raconté par des vieillards : j'ai eu aussi entre les mains une histoire écrite avec simplicité, mais sans aucun ordre.

On dira peut-être : Tout ce que vous avez raconté de la cruauté des tyrans contre les martyrs de Dieu est incroyable ; il est impossible qu'on ait imaginé contre eux de tels supplices, et qu'on leur ait fait souffrir de si affreuses morts. Je répondrai que je n'ai pas dit la centième partie de la vérité. Ceux qui étaient condamnés par le roi lui-même périssaient par le glaive ; mais ceux que les gouverneurs faisaient mourir, et dont on ne connaît ni les noms ni le nombre, étaient tourmentés de la manière que je l'ai rapporté. Quant à ceux dont j'ai retracé le martyre et les actes judiciaires, quelques-uns étaient mes contemporains, et j'ai été témoin oculaire de leur martyre ; pour les autres, je n'en ai rien dit que sur le témoignage d'évêques, de prêtres et de témoins très-dignes de foi, qui m'avaient raconté des choses arrivées de leur temps et sous leurs yeux. Je prie donc le lecteur, au nom de notre amour commun pour les martyrs, de demander et pour celui qui le premier a rassemblé les matériaux de cette histoire, et pour celui qui l'a rédigée après lui, la grâce et la miséricorde de Dieu, et la puissante intercession des martyrs, dont ils ont dévoilé les glorieux combats ensevelis dans l'ombre de leur prison.

Ici s'arrête le récit de saint Maruthas. Il renferme l'histoire de la grande persécution de Sapor, qui dura quarante ans. Les deux autres actes relatifs à la persécution subséquente, celle d'Isdegerdès Ier et de Vararanne V, ont été écrits non par saint Maruthas, comme le dit à tort le savant auteur de la *Bibliothèque orientale,* mais par des auteurs inconnus, contemporains cependant, et très-dignes de foi.

PERSÉCUTION

D'ISDEGERDÈS ET DE VARARANNE

Il ne nous reste que les actes de deux martyrs, sur cette longue et cruelle persécution commencée par Isdegerdès à la fin de son règne, et continuée par Vararanne son fils. Théodoret (*Hist. eccl.*, livre V, chap. XXXV) décrit ainsi les tourments qu'on faisait endurer aux martyrs : « On les écorchait, on leur enlevait la peau de la tête et du visage, on leur coupait les mains ; quelquefois on leur couvrait le corps d'éclats de roseaux qu'on faisait entrer profondément dans la chair, au moyen de cordes qui les serraient fortement, puis on arrachait ces éclats de roseaux en emportant en même temps la chair, ou bien on creusait des fosses qu'on remplissait de rats, et on jetait en pâture à ces animaux les martyrs, après leur avoir lié les pieds et les mains, et on les faisait dévorer ainsi tout vivants. On imagina des supplices plus atroces encore : le courage des martyrs fut plus grand que tous les tourments. »

MARTYRE

DU GLORIEUX ET BIENHEUREUX MAHARSAPOR

(Sous Vararanne, l'an du Christ 421.)

C'est la seconde année de Vararanne, roi des Perses, que le bienheureux Maharsapor souffrit le martyre. Il était d'une des plus illustres familles de Perse, mais encore moins distingué par sa naissance que par la pureté de sa foi, qu'il sut préserver également des superstitions païennes et de l'hérésie. Il menait donc tranquillement au port du salut sa barque chargée de richesses : l'ennemi du genre humain en fut jaloux, et résolut sa perte. Il suscita des hommes pervers qui l'attirèrent perfidement chez des ennemis déclarés du nom chrétien : ceux-ci le dénoncèrent. Aussitôt le roi le fit jeter dans un affreux cachot, espérant triompher de sa constance par les privations et les souffrances de la prison. Ce fut en vain, Maharsapor fut inébranlable. La persécution n'était pas encore déclarée, quand Maharsapor souffrait ces tourments et faisait cette confession généreuse.

Quand elle eut embrasé toutes les provinces de l'empire, il fut un des premiers qui tombèrent entre les mains des soldats : dans son ardeur pour le martyre, il avait prévenu ses nombreux accusateurs, et était venu plusieurs fois se livrer lui-même aux satellites du tyran. Enfin, il fut arrêté, et cruellement traité par Hormisdavare, le bourreau du martyr Narsès, et de son compagnon Sabucatas, avec qui Maharsapor avait été pris. Pendant trois ans on essaya sur lui les plus affreux supplices : rien ne put vaincre sa constance. Quand on l'amena devant le juge pour prononcer enfin sa sentence, le juge ne put le reconnaître, tant les tourments qu'il avait soufferts et le long séjour dans la prison l'avaient défiguré. « Sais-tu, lui dit le juge, que tout ce que tu as souffert jusqu'à présent n'est rien auprès de ce que je puis te faire souffrir encore? Mais je puis aussi te combler, si tu veux, des plus grands bienfaits; l'un et l'autre est en mon pouvoir. »

Le martyr lui répondit : « Tes menaces ne m'effraient pas, puisque les supplices seront mon salut et ma gloire. Ce que je regrette, c'est d'être condamné par un homme d'aussi basse extraction que toi, tandis que j'aurais dû avoir pour juges mes pairs en noblesse. Cependant exécute les ordres qu'on t'a donnés, car tu es esclave, et tu as un maître; pour moi, le maître que je sers, et pour qui je souffre, est aux cieux, et je ne reconnais pas d'autre maître sur la terre. Je ne résiste pas aux ordres du roi quand ils sont justes; mais quand le roi commande le mal, l'obéissance serait un crime. » Une telle constance en face des supplices et de la mort irrita le juge, et il commanda de jeter immédiatement le martyr dans une fosse profonde, et d'en fermer l'entrée. Il ordonna aussi d'y mettre des gardes pour empêcher qu'on ne lui donnât de la nourriture.

Sur-le-champ les soldats l'entraînent, le garrottent, et le jettent dans une fosse profonde et ténébreuse, persuadés que bientôt il mourrait de faim. Il y resta depuis le mois d'août jusqu'au 16 des ides d'octobre. Le tyran alors ordonna aux soldats d'aller voir ce qu'il était devenu. Ceux-ci ayant ouvert l'entrée de la fosse, aperçurent au fond le martyr à genoux et environné d'une brillante lumière; ils furent frappés de terreur; ils crurent que dans les profondeurs de la caverne un dragon terrible, et dont les yeux lançaient la flamme, veillait sur le martyr, et lui sauvait la vie : ils n'avaient pas vu que le saint était mort dans l'attitude de la prière : enfin ils s'en aperçurent, et allèrent l'annoncer au juge.

Cet fut au mois d'octobre, un samedi, qu'on apprit que le glorieux martyr avait remporté la couronne (1).

(1) Les actes de ce martyr ont été complétement inconnus à l'Église grecque et à l'Église latine.

MARTYRE

DE SAINT JACQUES L'INTERCIS (1)

(Sous Vararanne, an du Christ 421.)

Le martyre de saint Jacques fut consommé 733 ans après la mort d'Alexandre le Grand, la seconde année du règne de Vararanne V, roi des Perses. Saint Jacques était né dans la ville royale de Beth-Lapeta, d'une famille illustre : à la noblesse du sang il joignit celle de la vertu et de la piété. A l'exemple de sa famille, il embrassa le christianisme et épousa une femme chrétienne. Cependant, attaché à la cour du roi de Perse, il s'y éleva aux premiers honneurs, et y jouit de la plus haute considération. Isdegerdès en fit son favori, et le combla de toutes sortes de faveurs. Aussi Jacques, pour répondre aux bontés du roi, ne craignit-il pas d'abjurer la foi chrétienne. Sa mère et sa femme apprirent avec douleur son apostasie, et lui envoyèrent au camp où il se trouvait alors, la lettre suivante : « On nous annonce que la faveur d'un roi de la terre, et l'amour des richesses périssables de ce siècle, vous ont fait abandonner le Dieu éternel. Nous vous faisons une seule question, daignez nous répondre. Où est-il maintenant ce roi, pour qui vous avez fait un si grand sacrifice? Il est mort, comme le dernier des hommes, et il est tombé en poussière : qu'en pouvez-vous attendre maintenant, et est-ce lui qui vous offrira un refuge contre l'éternel supplice? Si vous persévérez dans votre apostasie, vous tomberez comme lui entre les mains du Dieu vengeur; et quant à nous, nous

---

(1) On l'a surnommé ainsi parce qu'il fut coupé en morceaux.

nous retirons de vous, comme vous vous êtes retiré de Dieu, nous ne voulons avoir rien de commun avec un apostat. C'en est fait, nous n'existons plus pour vous. »

Cette lettre fit une impression profonde sur le courtisan ; elle lui ouvrit les yeux, il rentra sérieusement en lui-même, et se dit : « Voilà ma femme qui s'était donnée à moi par les serments les plus sacrés, voilà ma mère qui m'abandonnent : que fera Dieu à qui j'avais aussi donné ma foi, et que j'ai honteusement abandonné? Au dernier jour comment soutiendrai-je la vue de ce juge suprême, de ce vengeur inexorable? Et même ici-bas, sa justice ne peut-elle pas m'atteindre et me frapper? » Plein de ces pensées, il rentre dans sa tente, il y trouve une Bible, il l'ouvre. Pendant qu'il lit, peu à peu la lumière se fait dans son âme, la grâce divine touche son cœur; le voilà soudain changé en un autre homme. Son âme engourdie, comme rappelée du tombeau par une voix puissante, se réveille : le remords l'agite et le déchire, il s'adresse à lui-même ces paroles : « Ame brisée, chair frémissante, écoutez. Ma mère qui m'a porté dans son sein, mon épouse compagne de ma jeunesse, sont affligées et indignées de ma lâche action; tout ce qu'il y a d'hommes sages et sensés dans ma famille sont plongés dans le deuil par mon apostasie ; que sera-ce donc au dernier jour, quand je paraîtrai devant Celui qui nous ressuscitera tous pour nous juger, pour récompenser les justes et punir les coupables! Qui sera mon refuge, à moi qui suis parjure? Mon refuge! ah! je sais où il est! La porte par laquelle je suis sorti, je puis y rentrer : je ne cesserai d'y frapper qu'elle ne s'ouvre. »

Ces accents du remords et du repentir avaient été entendus des tentes voisines ; on avait vu Jacques s'arrêter en lisant la Bible, se parler à lui-même, comme un homme qu'une profonde émotion agite. Ses ennemis, les courtisans en ont toujours, se hâtèrent d'aller dire au roi que Jacques paraissait regretter amèrement d'avoir changé de religion. Le prince irrité le fait appeler sur-le-champ, et lui parle ainsi :

« Dis-moi, Jacques, est-ce que tu es toujours Nazaréen ?

— Oui, je le suis, répondit Jacques.

— Hier, reprit le roi, tu étais mage.

— Nullement, répliqua Jacques.

— Comment, dit le roi ; n'est-ce pas pour cela même que tu as reçu du roi mon père tant de faveurs ?

— Où est-il maintenant, répondit Jacques, ce roi dont vous me rappelez les bienfaits ? »

Cette réponse exaspéra le roi, et comme il était manifeste que Jacques abandonnait la religion des Perses, il se mit à chercher dans son esprit par quel supplice il allait le lui faire expier.

« Si tu persévères, lui dit-il, ce sera trop peu de ta tête pour un tel forfait.

— Les menaces, répondit Jacques, sont inutiles, essayez plutôt les supplices, si bon vous semble ; tout ce que vous pourriez me dire pour me persuader ne fera pas plus sur moi que le vent qui souffle contre un roc immobile. »

LE ROI. « Déjà, sous mes prédécesseurs, les sectateurs de ta religion ont essayé de professer et de répandre leurs erreurs ; tu sais qu'on les a traités comme des rebelles, et que ceux qui résistèrent perdirent la vie dans les plus affreux supplices. »

LE MARTYR. « Mon plus grand désir, c'est *que je meure de la mort des justes, et que ma fin ressemble à leur fin.* »

LE ROI. « Apprends au moins à obéir et à respecter les édits des rois. »

LE MARTYR. « La mort des justes n'est pas une mort ; c'est un court et léger sommeil. »

LE ROI. « Voilà comme les Nazaréens t'ont séduit, ils t'ont dit que la mort n'était pas la mort, mais le sommeil ; cependant les puissants, les rois eux-mêmes redoutent la mort. »

LE MARTYR. « Les puissants et les rois et tous les contempteurs de Dieu craignent la mort, je ne m'en étonne pas ; ils ont conscience de leurs crimes. Aussi les saintes lettres disent-elles : *L'impie est mort, et son espérance avec lui; l'espérance des impies périra.* »

Le roi. « Ainsi donc, vous nous traitez d'impies, vous qui n'adorez ni le soleil, ni la lune, ni l'eau, ces émanations divines. »

Le martyr. « Loin de moi la pensée de vous accuser, ô roi : car à ceux qu'il a jugés dignes de souffrir pour lui, le Christ, auteur de nos saintes lettres, a dit : *L'heure vient, où ceux qui tueront quelqu'un d'entre vous croiront rendre gloire à Dieu.* Je suis loin de dire aussi qu'en nous tuant vous ne rendez aucune gloire à Dieu : je dis seulement que vous, qui vous vantez de mieux connaître la Divinité que les autres peuples, vous êtes dans une erreur grossière, en adorant des êtres inanimés et insensibles, et en donnant le nom incommunicable de Dieu à des créatures : le vrai Dieu s'en offense, et vos vaines divinités sont aussi incapables de vous protéger que de vous nuire. »

Cette abjuration solennelle de l'idolâtrie mit le roi en fureur. Il convoque sur-le-champ les docteurs et les sages, exhale en leur présence toute sa douleur et tout son courroux, et leur ordonne de se consulter entre eux sur le genre de supplice à faire subir à cet audacieux rebelle, à ce contempteur de la majesté des rois. Les magistrats et les sages se retirèrent en conseil pour délibérer, et l'un d'eux, qui avait, pour ainsi dire, le génie de la cruauté, après un instant de réflexion, ouvrit l'avis suivant : qu'il ne fallait pas le tuer en une fois, en cinq fois, en dix fois, mais l'étendre sur un chevalet, et lui couper successivement les doigts des pieds et des mains, puis les mains elles-mêmes et les pieds ; ensuite les bras, les genoux, les jambes, et en dernier lieu la tête. Cette proposition barbare fut adoptée, et aussitôt Jacques fut traîné au supplice. Toute la ville, émue à cette nouvelle, et toute l'armée, suivit le martyr. Les chrétiens, en apprenant l'affreuse sentence prononcée contre lui, se jetèrent la face contre terre, et, fondant en larmes, firent à Dieu cette prière : « O Seigneur, ô Dieu fort, qui donnez la force aux faibles et la santé aux malades, ô vous qui ravivez les infirmes et les mourants, qui sauvez ceux qui périssent, venez en aide à votre serviteur, et faites-le sortir vainqueur de cet affreux combat. Pour votre gloire, Seigneur, qu'il triomphe, ô Christ, prince des vainqueurs, roi des martyrs ! »

Pendant qu'on le conduisait au supplice, il pria les soldats de s'arrêter un moment, afin, disait-il, que je me rende propice le Dieu pour qui je vais souffrir. Les soldats s'arrêtèrent, et le martyr, se tournant vers l'orient, fléchit le genou, et les yeux de l'âme fixés sur Celui qui habite dans les cieux, il fit cette prière : « Recevez, Seigneur, les prières de votre humble serviteur ; donnez la force et le courage au fils de votre servante, qui vous invoque à cette heure ; placez-moi comme un signe sous les yeux de ceux qui vous aiment, qui ont souffert, et qui souffrent encore persécution pour votre nom ; et quand j'aurai vaincu par votre grâce toute-puissante, et que j'aurai reçu la couronne des élus, *que mes ennemis le voient et soient confondus, parce que vous avez été, Seigneur, ma consolation et mon soutien.* »

Quand il eut fini cette prière, les soldats le saisirent, lui étendirent les bras avec violence, et préparèrent le fer, en lui disant : « Il ne vous reste plus qu'un moment, voyez ce que vous avez à faire ; nous voilà prêts à vous couper tous les membres les uns après les autres, d'abord les doigts des pieds et des mains, puis les bras, puis les jambes et les cuisses, et enfin la tête. Voyez, une parole peut vous sauver, tandis que l'obstination vous attire le plus affreux supplice qui fut jamais. » Et en lui parlant de la sorte, ils ne pouvaient s'empêcher de verser des larmes, à la vue de ce visage tout brillant de jeunesse, de cet extérieur noble et gracieux, et ils entouraient le martyr, et le pressaient de feindre au moins pour un moment : « Détournez, lui disaient-ils, une si horrible mort : faites semblant de vous soumettre, et vous retournerez après à votre religion si vous voulez. »

Le martyr, au contraire, adressait à la foule ces paroles : « Ne pleurez pas sur moi; non, non, ne pleurez pas sur moi; pleurez plutôt, pleurez sur vous-mêmes, vous qui, épris des charmes trompeurs des choses périssables, vous préparez une éternité de malheurs et de tourments. Mais moi, par cette horrible mort j'entrerai dans la vie éternelle; pour prix de mes membres dispersés, je recevrai d'immortelles récompenses; car il y a un Dieu, rémunérateur fidèle, qui rendra à chacun selon ses œuvres. » Et voyant approcher l'heure fixée pour son supplice, il activait ainsi la lenteur des bourreaux : « Que faites-vous donc? qu'attendez-vous? voici, je vous tends les mains, mettez-vous à l'œuvre. »

L'affreuse exécution commença donc, et on lui coupa d'abord le pouce de la main droite. Alors le martyr fit cette prière : « O Sauveur, ô Jésus, recevez, je vous en conjure, ce rameau qui vient de tomber de l'arbre. Cet arbre lui-même doit tomber en poussière un jour; mais au printemps, je l'espère, il reverdira encore et se couronnera de feuillage. » Le juge qui procédait à l'exécution, ému jusqu'aux larmes, supplia le martyr de se laisser fléchir. « C'est bien assez, lui disait-il; cette plaie peut encore se guérir; mais, je vous en conjure, ne laissez pas mutiler tout entier ce corps si tendre et si beau. Mettez-vous d'abord hors de péril ; ensuite, vous êtes riche, vous donnerez aux pauvres, et assurerez par vos aumônes le salut de votre âme.

— Eh quoi! lui répondait le martyr, n'avez-vous jamais considéré ce qui advient à la vigne? Purgée de son bois inutile, elle reste engourdie tout l'hiver; mais au soleil du printemps, la sève circule et fait fleurir une riche végétation. S'il en est ainsi d'une plante fragile, l'homme planté dans la vigne du Seigneur, et cultivé par la main même de l'Ouvrier céleste, ne doit-il pas aussi germer et s'épanouir? » Alors on lui coupa l'index, et quand il fut coupé, le martyr s'écria : « *Mon cœur se réjouit dans le Seigneur, et mon âme tressaille en Dieu son salut.* » Et il ajouta : « Recevez, Seigneur, cet autre rameau de l'arbre que vous avez planté. » Et, la joie l'emportant sur la douleur, son visage parut tout rayonnant, comme s'il eût entrevu déjà la gloire céleste. Cependant les bourreaux lui coupèrent encore un autre doigt, et il s'écria dans un saint transport : « Avec les trois enfants de la fournaise, *je vous confesserai, Seigneur, de tout mon cœur*, et au milieu de vos martyrs, *je chanterai des hymnes à votre nom, ô Très-Haut.* » Quand on lui eut coupé le quatrième doigt, il s'écria : « Parmi les douze patriarches fils de Jacob, c'est sur le quatrième que se reposa la bénédiction qui promettait et prophétisait le Christ : c'est pourquoi j'offre encore ce quatrième rameau de mon corps à celui qui par sa bénédiction a été le salut de tous les peuples. » Au cinquième doigt qu'on lui coupa il dit : « Ces cinq doigts, cette main, seront de beaux fruits à présenter à celui qui a planté l'arbre que vous taillez. »

Avant de passer à sa main gauche, les juges le pressèrent de nouveau, et lui demandèrent : « A quoi allez-vous vous résoudre? Vous pouvez encore sauver votre vie, si vous voulez vous soumettre au roi; car combien qui vivent robustes et vigoureux mutilés comme vous l'êtes. Si vous n'avez pitié de vous-même, vous allez voir tous vos membres tomber sous vos yeux les uns après les autres, et ce sera, pour ainsi dire, à chaque fois une nouvelle mort. » Le martyr leur fit cette réponse : « Lorsqu'on tond les brebis, on ne leur enlève pas d'abord toute leur laine, on leur en laisse la moitié : ainsi dois-je rendre grâce à Dieu, qui me met au nombre de ses brebis, et qui m'offre aux ciseaux de ceux qui me tondent, comme il offrit à ceux qui l'attachèrent sur la croix l'Agneau divin, pour qui je meurs de cette mort cruelle. »

On se mit donc à lui couper les doigts de la main gauche ; on commença par le doigt auriculaire : le martyr, les yeux levés au ciel, disait avec une constance magnanime : « Je suis bien petit devant vous, ô grand Dieu, qui vous êtes fait petit pour nous, et qui nous avez élevés jusqu'à vous par la vertu de votre sacrifice. C'est avec joie, ô Dieu, c'est avec bonheur que je vous remets mon âme, et aussi mon corps ; je sais que vous le rendrez un jour, immortel et glorieux, à la vie. » Alors on lui coupa l'annulaire, et, transporté du plus brûlant amour, il s'écria : « Pour une septième mutilation, une septième louange, ô Dieu, Père, Fils et Saint-Esprit ! » Et quand tomba le huitième doigt, il dit : « C'est le huitième jour que l'enfant hébreu est circoncis et distingué des infidèles ; eh bien, moi aussi, par la pureté de mon cœur, je me sépare de ces incirconcis et de ces impies ; car *mon âme a soif de vous seul, ô mon Dieu ! quand pourrai-je voir votre face ?* » Au neuvième, il dit : « C'est à la neuvième lune que mon Sauveur est mort sur la croix pour mes péchés : je lui offre donc avec bonheur ce neuvième doigt de ma main. » Au dixième enfin, saisi d'un plus vif transport, il s'écria : « Par la lettre iod (1) sont multipliés les mille et les myriades ; de même par le nom sacré de Jésus (2) le monde entier a été sauvé. Je chanterai donc des hymnes en son nom sur la harpe à dix cordes, comme dit le Psalmiste, et les cordes de ma harpe seront mes doigts eux-mêmes mutilés pour mon Sauveur. » Ayant dit cela, le martyr entonna un chant pieux d'une voix douce.

Alors les juges renouvelèrent leurs instances auprès de lui, lui faisant entendre que ses plaies n'étaient pas mortelles, qu'il était temps encore de sauver sa vie. « Pourquoi cette cruauté contre vous-même ? pourquoi renoncer à la douce lumière du jour ? La vie pour vous est si riante. Vous avez

---

(1) C'est la dixième lettre de l'alphabet des langues sémitiques, et sa valeur numérique est 10.
(2) La lettre *iod* est l'initiale du nom de Jésus.

avec l'opulence tous les plaisirs. A la bonne heure si, désormais privé de vos mains, et incapable de pourvoir à vos besoins, vous deviez vivre dans la misère; mais avec une fortune aussi belle, la vie sera toujours pour vous honorable et douce. Ne pensez plus à votre épouse : depuis longtemps vous viviez séparés, elle est dans la province des Huzites, et vous à Babylone. Songez donc qu'il suffit d'un mot pour vous sauver ou pour vous perdre. »

Le martyr, les regardant d'un air sévère, leur répondit : « Vous croyez, après que j'ai mis la main à la charrue, que je vais regarder en arrière, et me rendre indigne du royaume des cieux? Vous croyez que je vais préférer ou mon épouse ou ma mère au Dieu qui a dit ces paroles : *Quiconque perdra sa vie pour moi la trouvera;* et encore : *Quiconque laissera son père, et sa mère, et ses frères, je lui donnerai la vie et le repos éternel.* Cessez donc de me presser, et faites votre œuvre; je serais désolé que vous en adoucissiez tant soit peu les rigueurs. » Voyant donc qu'il était inflexible, les juges ordonnèrent aux bourreaux de poursuivre. Ceux-ci lui saisissent le pied droit et en coupent le gros doigt, tandis que le martyr s'écriait : « Grâces à vous, Seigneur, qui vous êtes revêtu de notre humanité, et qui, sur la croix, percé de la lance, avez teint vos pieds du sang et de l'eau qui sortirent de votre côté. Je suis heureux de livrer comme vous au fer des bourreaux ce corps qui est la prison de mon âme; je suis heureux de voir couler pour vous mon sang. » On lui coupa ensuite un autre doigt, et il s'écria : « Ce jour est le plus beau de mes jours! Auparavant, engagé dans les liens du siècle, esclave des richesses et des plaisirs, j'étais faible et lâche dans le service de Dieu, et mon âme, emportée par mille soins divers, ne pouvait plus se retrouver en sa présence et s'entretenir avec lui. Maintenant, dégagé de mes entraves, et les yeux fixés sur le siècle à venir, j'y marche avec constance; aussi, heureux et triomphant, j'ai chanté, tout le temps de mon supplice, d'une voix que n'a pu affaiblir la douleur, des hymnes à celui qui m'a jugé digne de souffrir pour lui. » On lui coupa alors le troisième doigt et on le lui présenta ; il s'écria alors en souriant : « Le grain de blé, jeté dans la terre, germe et retrouve au printemps les grains semés avec lui : ainsi, au jour suprême de la résurrection des corps, ce doigt se retrouvera avec les autres. » Au quatrième, le martyr, se parlant à lui-même : « Mon âme, dit-il, pourquoi es-tu triste et tremblante ? *Espère en Dieu, car je le confesserai encore, ce Dieu, mon Sauveur.* » Au cinquième, il dit : « Grâces à vous, Seigneur, qui m'avez choisi pour un martyre inouï jusqu'à présent, et qui me donnez la force de le souffrir. » Les bourreaux passent au pied gauche, et commencent par couper le petit doigt : « Ce doigt, dit le martyr, ne sera plus désormais appelé petit, puisqu'il est offert au Seigneur comme le plus grand ; et si le moindre cheveu de notre tête ne périt pas, ce doigt non plus ne peut périr. » A l'autre doigt, il cria aux bourreaux : « Allons, courage, abattez cette maison qui tombe en ruines, afin que Dieu m'en rebâtisse une plus belle. » Au troisième, il dit : « Vous savez bien que plus on pousse une roue, plus elle tourne, et cela sans douleur. » Au quatrième, il fit à Dieu cette prière : « *Secourez-moi, mon Dieu, parce que j'ai confiance en vous.* » Au cinquième, enfin, comme éveillé d'un profond sommeil, il s'écria : « *Jugez-moi, Seigneur, et vengez-moi de ce peuple barbare :* voilà la vingtième mort que j'endure, et ces loups altérés de sang s'acharnent encore sur moi. »

La foule, témoin de cette exécution terrible, poussa un cri, et les jeunes gens demandaient aux vieillards s'ils avaient jamais rien vu de pareil, tant de barbarie d'un côté, tant de courage de l'autre. Le martyr activait lui-même les bourreaux : « Ne vous arrêtez pas, leur criait-il ; vous avez abattu les branches de l'arbre, attaquez maintenant le tronc. Pour moi, mon cœur tressaille dans le Seigneur, et mon âme invoque le Dieu soutien des humbles. » Les bourreaux, tout frémissants de rage, s'arment de nouveau du fer et lui coupent le pied droit, et le martyr s'écrie tout triomphant : « Chaque membre que vous faites tomber, je l'offre en sacrifice au Roi du ciel. » Ils lui coupent ensuite le pied gauche, et lui s'écrie : « *Exaucez-moi, Seigneur, parce que vous êtes bon, et que votre miséricorde est grande pour tous ceux qui vous invoquent.* » Puis on lui coupe la main droite, et le martyr exalte encore la bonté de Dieu. « Votre miséricorde, Seigneur, s'est multipliée sur moi ; délivrez-moi de l'enfer. » La main gauche est coupée à son tour, et le martyr s'écrie : « Vos merveilles, Seigneur, éclatent sur la mort. » Alors on s'attaqua à ses bras. En tendant le bras droit, il s'écria : « *Je louerai le Seigneur sans cesse; tant que je vivrai, je chanterai des hymnes à son nom : sa louange me sera douce, je me rejouirai dans le Seigneur.* » Ensuite il présenta le bras gauche, et dit : « *Ma tête s'élèvera au-dessus des ennemis qui m'ont environné : le Seigneur est ma force, ma gloire et mon salut.* » Restaient encore les jambes : les bourreaux aussitôt lui coupent la droite à la jointure du genou. A ce coup, le martyr parut ressentir une douleur extrême; il poussa un cri et invoqua le Sauveur : « Seigneur Jésus-Christ, dit-il, secourez-moi, délivrez-moi, *je suis en proie aux douleurs de la mort.* »

— Nous vous l'avions bien dit, reprirent les bourreaux, que vous alliez souffrir d'affreux supplices.

— Dieu, répondit le martyr, a permis le cri involontaire qui vient de m'échapper, pour que vous ne pensiez pas que je n'ai qu'une apparence de corps. Au reste, je suis prêt à endurer pour l'amour de Dieu des tourments plus grands encore. Ne croyez pas que j'aie souffert pendant que vous m'avez torturé : la pensée de mon Sauveur, son saint amour qui embrasait mon cœur, dominaient tout sentiment. Achevez donc, et hâtez-vous. » Mais les bourreaux, fatigués, s'arrêtaient; le martyr, au contraire, rayonnait de plus de joie et d'amour. Les bourreaux enfin à grand'peine lui coupèrent l'autre jambe : alors le martyr parut semblable à un pin odorant dont il ne reste plus que la moitié. Après un moment de silence, on l'entendit prononcer à haute voix cette prière : « Mon Dieu, me voilà par terre, au milieu de mes membres semés de toutes parts : je n'ai plus mes doigts, pour les joindre en suppliant; je n'ai plus mes mains, pour les élever vers vous; je n'ai plus mes pieds, ni mes jambes, ni mes bras : je ressemble à une maison en ruines dont il ne reste plus que les murs. O Seigneur ! que votre colère s'arrête sur moi, et qu'elle se détourne de votre peuple : donnez à ce peuple persécuté, dispersé par les tyrans, la paix et le repos; rassemblez-le des bouts de l'univers. Alors, moi, le dernier de vos serviteurs, je vous louerai, je vous bénirai avec tous les martyrs et tous les confesseurs, ceux de l'Orient et de l'Occident, ceux du Nord et du Midi, vous, votre Fils et le Saint-Esprit, dans les siècles des siècles. Amen. » Quand il eut dit : Amen, on lui coupa la tête. Ainsi le saint martyr, après le plus affreux supplice qui fut jamais, rendit doucement son âme à Dieu.

Son corps resta étendu sur la place. Les chrétiens se cotisèrent et offrirent aux gardes, pour le racheter, une somme considérable : ce fut en vain. Mais vers la neuvième heure du soir, les gardes s'étant retirés, les fidèles dérobèrent le corps, puis se mirent à en chercher les membres, semés de toutes parts. Ils en trouvèrent vingt-huit, et les enfermèrent soigneusement dans une urne avec le tronc; puis ils recueillirent comme ils purent tout le sang que le martyr avait perdu pendant son long supplice.

Cependant, tandis que nous chantions le psaume *Miserere mei, Deus, secundum magnam misericordiam tuam*, le feu du ciel tomba sur l'urne et consuma le sang du martyr, tant dans le vase que sur les linges où on l'avait reçu et sur la terre qu'il avait trempée ; cette flamme colorait les membres du martyr d'une teinte de pourpre et de rose. Effrayés de ce prodige, nous tombons tous la face contre terre, et nous implorons en tremblant la protection du martyr, pour n'être pas consumés par ce feu céleste ; puis secrètement, non sans péril, nous inhumons les saintes reliques avec l'aide et la grâce du Christ, qui couronne les martyrs, et à qui soit, avec le Père et le Saint-Esprit, louange, honneur et gloire, maintenant et toujours et dans les siècles des siècles. Amen (1).

(1) Le supplice de saint Jacques est un des plus affreux dont fasse mention l'histoire des martyrs, sa gloire fut aussi des plus éclatantes. Les Orientaux bâtirent en son honneur un grand nombre d'églises et de monastères ; et tous les martyrologes grecs, latins et syriens, célèbrent sa mémoire. Le *Martyrologe romain* en fait mention, au 27 novembre, en ces termes : « En Perse, naissance de saint Jacques l'*Intercis*, qui, du temps de Théodose le Jeune, renia le Christ, pour conserver la faveur du roi Isdegerdès. Mais sa mère et son épouse ayant rompu tout commerce avec lui, il rentra en lui-même, et confessa Jésus-Christ devant le roi (Vararanne), qui ordonna de le couper par morceaux, et enfin de lui trancher la tête. Dans le même temps, d'innombrables martyrs souffrirent en Perse. »

MARTYRS DES PERSÉCUTIONS ROMAINES

Les manuscrits syriaques, achetés au poids de l'or dans les monastères de Nitrie, en Égypte, par ordre de Clément XI, contenaient les actes des martyrs de Perse, que nous avons donnés dans la première partie; puis d'autres actes, au nombre de trente-neuf, relatifs aux persécutions romaines. Vingt-cinq de ces actes étant parfaitement semblables à ceux déjà publiés, Assemani ne les a pas produits; il ne s'est occupé que de ceux qui étaient ou entièrement inédits jusqu'alors, ou bien plus complets que les actes déjà connus. Ce sont ces précieux monuments, d'une très-haute antiquité et d'une incontestable authenticité, que nous donnons dans cette seconde partie.

MARTYRE

DE SAINT LUCIEN ET DE SAINT MARCIEN (1)

(Dans la persécution de Dèce, an de J.-C. 350.)

La nature, admirable dans ses jeux, fait croître des roses sur les épines, et des fruits sur les buissons; ainsi, selon les saintes lettres, où le péché avait abondé, la grâce surabonde, et où avait régné l'iniquité, triomphe la justice. La miséricorde de Dieu peut ouvrir à des pécheurs endurcis dans le vice les portes d'un salutaire repentir.

Telles sont les réflexions que font naître en nous les saints martyrs Lucien et Marcien. Tous deux d'abord avaient mené une vie coupable, et s'étaient adonnés au culte des idoles et des démons. Au crime de l'idolâtrie ils avaient ajouté la cor-

(1) Dom Ruinart a donné leurs actes.

ruption des mœurs, et, dans l'intérêt de leurs passions, ils s'étaient adonnés à la magie, et en savaient tous les mystères abominables. Avec les secours de cet art des démons, ils triomphaient de la pudeur des femmes, se vengeaient de tous leurs ennemis d'une manière terrible, donnaient même la mort, et inspiraient un effroi universel (1). Aussi craignait-on de les voir et de leur parler, et si par hasard on les rencontrait, on détournait les yeux avec horreur, tant leur impiété, visible sur leur visage, inspirait une profonde aversion.

C'est à ces misérables que le bon Dieu tendit une main propice; c'est de si grands pécheurs qu'il retira de l'abîme de l'iniquité. Il ne put souffrir qu'ils missent le comble à leurs crimes; il les toucha de sa grâce puissante, et les arracha à leurs désordres. Voici en peu de mots comment eut lieu leur conversion.

Il y avait à Nicomédie une vierge chrétienne, belle, mais vertueuse autant que belle, et qui avait voué à Dieu sa chasteté. Lucien et Marcien se passionnèrent pour cette humble vierge; et après avoir vainement essayé de la séduire, ils eurent recours à la puissance des maléfices. Ils évoquent donc les démons, ministres de leurs passions, et leur ordonnent de leur amener la vierge. Mais les démons furent impuissants contre la vertu de la chrétienne; sa foi et le signe de la croix la couvraient comme d'une armure impénétrable; les esprits de ténèbres furent forcés eux-mêmes de l'avouer, et de reconnaître que l'entreprise était au-dessus de leurs forces.

(1) Il est impossible de nier la magie, c'est-à-dire le commerce qu'on peut établir avec les démons. Aux premiers siècles du christianisme, les païens se livraient beaucoup à ces pratiques ténébreuses. Mais les démons, au service de ces magiciens, sont toujours enchaînés à la puissance divine, et ne peuvent contre les hommes que ce que Dieu leur permet, et on voit ici combien peu ils sont à craindre pour les chrétiens, puisqu'il suffit d'un acte de foi, d'un seul signe de croix, pour mettre à néant toute leur puissance.

Lucien et Marcien, désolés de ne pouvoir triompher de la vierge, sommèrent les dieux de dire pourquoi, ayant toujours réussi en pareille circonstance, leur puissance échouait en celle-ci. Les démons répondirent : Il ne nous est pas difficile de triompher de ceux qui ne connaissent pas le vrai Dieu; mais cette vierge que Jésus-Christ, Dieu invincible, tient sous sa garde, il nous est impossible de la vaincre, nous l'avouons. A cette réponse inattendue, les magiciens, frappés d'étonnement et d'épouvante, tombèrent comme morts la face contre terre. Revenus à eux, ils firent de nouvelles conjurations, et les démons disparurent; alors ils se mirent à raisonner entre eux. Dieu faisait briller dans leur âme la lumière, et leur montrait la route de la vérité; ils se disaient : Oui, c'est le vrai Dieu qui tient les démons sous son empire, et son Fils Jésus-Christ, qu'il faut servir et honorer; et aussitôt ils se décidèrent à abandonner leurs pratiques coupables et à mener une vie sainte.

Sur-le-champ ils brûlent leurs livres de magie, et tout l'appareil de leur art exécrable, et se disposent à vivre dans l'honnêteté et la pureté; dans ce dessein, ils quittent la ville et vont se cacher dans une solitude profonde et inaccessible, où ils se livrent aux austérités les plus rigoureuses, afin d'expier par la pénitence les péchés de leur vie passée. Après avoir, en vivant longtemps de la sorte, donné au monde d'éclatants témoignages de leur conversion, et s'être affermis dans la crainte et l'amour de Dieu, ils crurent qu'ils ne pouvaient sans crime cacher la vérité qui s'était révélée à eux, et ils résolurent de se dévouer à l'enseigner aux autres. Tous ceux donc qu'ils rencontraient, ils cherchaient à les amener à la connaissance et au culte du vrai Dieu. Tout le monde était stupéfait d'un tel changement; on ne pouvait s'expliquer comment des hommes qui vivaient d'un art infâme, qui étaient sans cesse dans les enchantements, et en commerce habituel avec les démons, avaient subitement changé leurs mœurs, et s'étaient mis à invoquer le Christ, sans redouter les lois sévères portées contre les chrétiens.

Peu à peu le bruit s'en répandit et parvint enfin aux oreilles des magistrats. Lucien et Marcien, arrêtés par des soldats, sont amenés au proconsul Sabinus (1), qui les fit étendre sur le chevalet et appliquer à la plus cruelle torture, pour les ramener au culte des idoles. Les martyrs ayant obtenu la parole, lui parlèrent ainsi : « Il n'y a pas longtemps encore, ces supplices et la mort même auraient été le juste prix de nos crimes, alors qu'adonnés à un art infâme nous attentions à la pudeur des femmes, et répandions l'effroi dans toute la ville par nos maléfices. Cependant vous ne nous avez nullement inquiétés ; et aujourd'hui que nous nous sommes arrachés au vice pour nous livrer à la vertu et à la piété, vous nous mettez à la torture. Pour nous, loin de nous en plaindre, nous y voyons un grand bienfait de Dieu, et nous lui en rendons nos actions de grâce. Apaisé par notre sacrifice, il nous fera miséricorde, et en récompense d'une mort subie pour son amour, il nous donnera cette vie éternelle qu'il a promise à ceux qui mènent une vie sainte. Ainsi donc, tyran, vous pouvez essayer sur nous tous vos supplices ; votre cruauté ne sera pas au-dessus de notre courage. »

Irrité de ces paroles, le proconsul les fait détacher du chevalet et les condamne aux flammes, persuadé qu'une plus longue épreuve était inutile. Les martyrs virent avec joie les bourreaux dresser le bûcher et y mettre le feu, et ils y montèrent avec courage : on les entendait, au milieu des flammes, chanter des hymnes au Dieu qui, dans sa bonté, les avait arrachés à l'erreur, pour les appeler à la gloire du martyre.

(1) D'après les actes édités par dom Ruinart.

MARTYRE

DES SAINTS VICTORIN, VICTOR, NICÉPHORE, CLAUDIEN, DIODORE, SÉRAPION ET PAPIAS (1)

(Sous l'empereur Numérien, vers 284.)

Quel nom, mes frères, donner aux glorieux martyrs dont nous allons mettre sous vos yeux la constance magnanime et vraiment surhumaine? Ils ont vaincu le fer qui dompte tout, ils ont vaincu le feu qui amollit le fer, ils ont vaincu l'eau qui éteint le feu : faut-il donc les comparer au diamant? Mais on trouvera peut-être dans la nature quelque chose plus puissant que le diamant, tandis que rien ne pourra surpasser le courage de ces martyrs.

Leur cœur eût-il été de pierre, qu'il eût cédé aux tourments et au fer des bourreaux; et leur corps d'airain, qu'il eût fondu comme de la cire au brasier des tyrans; mais, armés de la force toute-puissante de Dieu, les martyrs furent invincibles. Toutefois, si la force de Dieu les soutint, n'allons pas croire que la grâce, étouffant en eux le libre arbitre, ait fait violence à la nature, autrement la grâce ne serait pas la grâce; ou que, stérile et inerte, elle les ait laissés faire tout d'eux-mêmes, autrement à quoi bon la grâce? Le secours divin les assistait dans le combat comme un compagnon d'armes, et avait son action propre, sans étouffer la leur. Après ce court préambule, racontons en peu de mots leur glorieux martyre.

(1) Ces saints martyrs étaient célèbres dans l'Église grecque et dans l'Église latine; mais leurs actes n'avaient jamais été recueillis : ceux que nous traduisons sont les seuls qui existent.

Déjà le tyran leur avait fait endurer toute sorte d'outrages et de tourments rares, même dans l'histoire des martyrs : ne pouvant rien contre eux, il résolut de les appliquer à des supplices nouveaux et inouïs ; mais auparavant il voulut essayer sur eux la douceur et les caresses : tout fut inutile, les martyrs demeurèrent insensibles aux caresses comme aux tortures ; alors il résolut de déshonorer de toutes les façons ces hommes vénérables ; mais les martyrs endurèrent avec une patience inaltérable tous les affronts dont il lui plut de les abreuver. Alors il les fit frapper, mais les coups furent aussi inutiles. Vaincu de toutes manières, il imagina un supplice affreux, affreux, dis-je, pour ceux-là seulement qui ne connaissent pas Dieu, ni l'abîme insondable de sa puissance ; le tyran résolut de les faire mourir successivement et par plusieurs supplices, afin de les épouvanter par le spectacle de la mort les uns des autres. Écoutez, mes frères, ce qu'imagina le tyran.

Victorin, le premier, fut jeté dans un mortier tout neuf, et pilé comme on pile les viandes, et ce fut vraiment une nourriture spirituelle que nous prépara le tyran, un mets dont le goût nous fortifie et nous anime au martyre. Victorin, dans cet affreux tourment, qui rompait tous ses nerfs et brisait tous ses os, ne donna pas le plus léger signe de faiblesse. Cependant les bourreaux, en lui brisant les jambes, à chaque coup qu'ils lui donnaient, lui disaient : « Que n'as-tu pitié de toi, malheureux ! Tu peux bien éviter le supplice ; tu n'as qu'à renier ce Dieu que tu adores. » Ces exhortations des bourreaux ne faisaient pas la moindre impression sur son âme, et les paroles du tyran qui le menaçait de tortures plus affreuses encore ne l'ébranlaient pas davantage. Au contraire, le mortier où était pilé Victorin réchauffait dans tous ses compagnons l'enthousiasme du martyre, et ils y sautaient comme dans un bain. A la fin le tyran, confondu et indigné, ordonna au bourreau de décapiter le martyr.

Quand Victorin eut expiré, le tyran fit jeter à sa place, dans le mortier, un de ses compagnons, et lui adressa ces paroles : « Tu viens de voir sous tes yeux la mort affreuse de ton compagnon : si tu partages son obstination, tu auras le même sort; mais tu peux l'éviter, si tu veux faire ce que je te demande. » Victor, qui brûlait de rejoindre son compagnon, répondit en montrant du doigt le mortier : « Là est pour moi le salut et le vrai bonheur. » Son désir fut sur-le-champ satisfait.

Victor s'étant envolé au ciel, Nicéphore, impatient du martyre, se jeta de lui-même dans le mortier. Le juge, se croyant bravé, fut saisi d'une violente colère, et mit plusieurs bourreaux après le courageux chrétien. L'insensé appelait la générosité du martyr de l'orgueil, et sa constance de l'ostentation. Il ne savait pas que cette constance était un don de Dieu, et que le Seigneur, présent dans l'âme de ses serviteurs, leur donnait cette force supérieure à toutes les tortures : il croyait que les martyrs ne cherchaient dans leur patience magnanime que les applaudissements de la foule.

Après lui, ce fut le tour de Claudien; mais le tyran ne voulut pas le faire périr de la même façon que ses compagnons; il lui réserva une mort plus affreuse. Il ordonna de le couper par morceaux, et de jeter les lambeaux tout palpitants de son corps sous les yeux de ses compagnons. Il croyait que le martyr, vaincu par la douleur, abjurerait sa foi; mais il fut fidèle, et il expira après avoir eu les mains et les pieds coupés. Ce ne fut pas assez pour le tyran d'avoir mutilé tous ses membres; comme une bête féroce il lui déchira les entrailles.

Puis, montrant à Diodore, à Sérapion et à Papias les membres sanglants et les ossements du martyr dispersés sur le sol, il leur dit : « Vous pouvez, si vous voulez, éviter ce supplice, je ne vous force pas à le subir. » Animés de l'esprit de Dieu, les martyrs s'écrièrent : « Avez-vous des tourments plus affreux encore? vous pouvez les essayer : jamais, non jamais nous n'abjurerons notre Dieu, ni Jésus-Christ, notre Sauveur : Jésus-Christ est notre créateur et notre Dieu, et c'est lui seul que nous aimons. » Ces paroles ne faisaient qu'enflammer la rage du tyran aveugle, qui ne comprenait rien à la foi des martyrs. Il ordonna donc de livrer aux flammes Diodore, de trancher la tête à Sérapion, et de jeter dans la mer le jeune et aimable Papias. Mais quelque tourment qu'inventât le persécuteur, les saints martyrs en triomphèrent, et ils subirent avec joie, pour l'amour de Dieu, l'affreuse mort qu'on leur fit souffrir (1).

(1) Le *Martyrologe romain* fait mention de ces martyrs au 25 février.

MARTYRE

DE SAINTE STRATONICE ET DE SÉLEUCUS SON ÉPOUX, A CYZINQUE,
EN MYSIE

(Sous Maximien-Galère, an du Christ 297.)

Pendant l'atroce persécution que Maximien suscita contre l'Église de Dieu, un grand nombre de prêtres et de fidèles de tout sexe furent conduits à Cyzique, pour y être livrés aux supplices les plus affreux. Le lieu où on les tourmentait était situé au pied des remparts de la ville, et du haut des murailles une foule immense regardait mourir les chrétiens. La fille du préfet de la ville, nommée Stratonice, qui était mariée à un des jeunes gens les plus distingués de Cyzique, y vint elle-même accompagnée d'un grand nombre d'esclaves et de suivantes : ce spectacle fit sur elle une profonde impression. Elle voyait les martyrs, pendant leur supplice, le visage calme et radieux, tantôt lever vers le ciel des regards pleins d'espérance, et se féliciter mutuellement de leur bonheur, tantôt se fortifier contre les tortures par le signe de la croix et invoquer le nom de Jésus avec de pieuses larmes et des soupirs d'amour. Stupéfiée de ce prodige : « Que voyons-nous, dit-elle à ses suivantes ? Les autres condamnés tremblent à l'approche de la mort; ceux-ci se livrent aux bourreaux avec joie, et, déchirés par les tortures, on les voit sourire encore. Dans quel espoir supportent-ils avec bonheur de si affreux tourments ? Et quel est ce Jésus-Christ qu'ils invoquent à leur dernier soupir ? Qui pourra m'expliquer ce prodige ? »

Un jeune chrétien, qui cachait sa foi par crainte, l'entendit parler de la sorte, et, inspiré sans doute par Jésus-Christ, il s'approcha d'elle secrètement, et lui parla de la religion chrétienne. « Après cette vie, lui dit-il, nous en attendons une immortelle, et ceux qui souffrent courageusement les tourments sont sûrs de la posséder. Ces âmes généreuses, après avoir donné leur vie pour Dieu, vont au ciel pour y jouir d'un éternel bonheur.

— Qui me révèlera cette vie éternelle et bienheureuse dont vous me parlez? demanda Stratonice.

— Si vous croyez en Notre-Seigneur Jésus-Christ crucifié pour nous sauver, dit le jeune chrétien, ce Dieu éclairera votre âme de sa lumière, et vous révèlera cette gloire céleste. »

Les suivantes de Stratonice s'étonnaient de la voir s'entretenir ainsi avec un jeune homme obscur et inconnu, elle qui ne daignait pas même honorer de sa conversation les personnages les plus éminents de la ville. Cependant la grâce de Dieu parla à son cœur. Tout à coup, se levant de son siége et regardant le ciel, elle fit, à l'exemple des martyrs, le signe de la croix, et dit tout haut : « Seigneur Jésus-Christ, vrai Dieu des chrétiens, ouvrez mes yeux à la lumière divine, et montrez-moi par quelque signe la vérité de ce que m'a dit ce jeune chrétien. » A peine eut-elle achevé cette prière, que le ciel parut s'entr'ouvrir, et une colonne de lumière se poser sur les corps des martyrs; en même temps elle vit leurs âmes monter au ciel. Stratonice fut d'abord frappée de stupeur à cette vision; puis, s'étant remise, elle quitte précipitamment sa suite, descend des murs, sort par la porte de la ville la plus proche, et, fendant la presse, sans aucun souci de son rang et de sa famille, elle se jette sur les corps des martyrs, les embrasse, et s'écrie en versant des larmes : « Seigneur Jésus-Christ, accordez-moi la grâce de mourir aussi pour votre nom, réunissez-moi à vos martyrs! »

Qui pourrait dire la douleur d'Apollonius son père à cette nouvelle? Tout hors de lui-même, il déchire ses vêtements, éclate en lamentations comme une femme, et accourt en toute hâte au lieu de l'exécution : il voit sa fille embrassant les corps des martyrs et toute souillée de leur sang. « Ma fille, lui dit-il, pourquoi déshonorer ainsi ta famille aux yeux de tous les habitants de Cyzique?

— Je ne veux pas vous déshonorer, mon père, répondit Stratonice, mais me sauver, et vous avec moi, si vous suivez mon exemple, si vous abjurez comme moi le culte des faux dieux. » Le père, à ces paroles, ne put que pleurer. Le juge, plaignant vivement Apollonius, fit enlever et jeter à la mer les corps des saints, et rentra dans la ville tout ému de l'action inattendue de la jeune femme; quant à elle, on la ramena de force, le soir, avec son père, toute couverte de sang, et les yeux rouges des pleurs qu'elle avait versés.

Elle ne prit aucune nourriture, et se retira seule dans sa chambre, où elle passa toute la nuit en prières. « Seigneur Jésus, disait-elle, ne m'abandonnez pas, puisque j'ai cru en vous. » Le Seigneur l'entendit, et voici que tout à coup une splendeur céleste brilla au milieu des ténèbres, et un ange, sous la figure d'un jeune homme au visage radieux et éblouissant, parut près d'elle, et lui dit doucement : « Courage, courage, Stratonice : après les tourments des martyrs la gloire des saints ! » Et il s'évanouit, laissant Stratonice pleine d'ardeur et de courage.

Le lendemain, dès qu'il fit jour, son père vint la trouver, se jeta à ses genoux, pleura, supplia : tout fut inutile, et, la douleur de ce père se changeant en fureur, il se rendit auprès du juge.

Stratonice, profitant de l'absence de son père, sortit pour aller au lieu où les martyrs avaient versé leur sang. Arrivée à la porte de la ville, elle rencontra Séleucus son époux, accompagné d'une foule de ses amis. Transportée du divin amour, et oubliant les convenances, elle va à lui, et lui dit ces paroles : « Séleucus, mon frère, je t'invite à une vie nouvelle.

Allons à Celui qui a sauvé l'humanité. Oublions les délices d'une union terrestre, et entrons ensemble dans l'éternel bonheur. »

Séleucus aimait passionément Stratonice, et il écoutait avidement ses paroles. « Quel est, lui dit-il, ma chère Stratonice, le nouveau Dieu que tu adores? Est-il au-dessus de nos dieux?

— Nos dieux, reprit Stratonice, ne sont que de muettes idoles; mais Jésus, qui vient de m'éclairer de sa divine lumière, Jésus, qui par sa mort a sauvé le genre humain perdu, est Dieu et Fils de Dieu : il s'est incarné, et a daigné subir le supplice de la croix pour le salut des hommes. » Et, voyant Séleucus ébranlé par ces paroles, elle tomba à genoux et fit cette prière : « Seigneur Jésus, éclairez-le aussi, et touchez-le de votre grâce; qu'il croie en vous, qu'il comprenne que vous êtes le vrai Dieu, le maître du ciel et de la terre. » Elle se relève, et prenant d'une main assurée la main de Séleucus, elle l'entraîne au lieu où avaient été égorgés les martyrs, et là, se prosternant de nouveau, et baisant cette terre arrosée du sang des saints, elle priait Dieu avec larmes de lui être propice.

Cependant ses domestiques et ceux de Séleucus, indignés, le firent savoir à Apollonius, qui se trouvait alors avec le juge. Celui-ci se crut obligé d'employer les tortures contre Stratonice; mais son père obtint un délai de sept jours, espérant qu'à force d'instances il la ramènerait. Il mit tout en œuvre pour triompher d'elle. «Ma fille, lui disait-il, aie donc pitié au moins de ta famille, car tu vas nous perdre avec toi.

— Je vous l'ai déjà dit, mon père, répondait Stratonice, si vous restez l'esclave des faux dieux, si vous ne voulez pas reconnaître Jésus-Christ, je serai forcée aussi de vous méconnaître, vous ne serez plus mon père, je ne serai plus votre fille, je n'aurai plus de parents, je n'aurai plus de frères, je n'aurai plus de sœurs; Jésus-Christ me tiendra lieu de tout. »

Le père, à ces paroles, passant de la douleur à la colère et des prières aux menaces, lui disait : « J'en jure par les dieux, je les vengerai. Ton père sera pour toi plus sévère que le juge lui-même ; je ne te laisserai pas que tu n'aies abjuré le Christ : on verra s'il viendra t'arracher de mes mains.

— Sa force me soutiendra dans mes épreuves, répondait Stratonice ; j'espère en triompher par lui. »

Apollonius la fit enfermer avec Séleucus dans une chambre obscure, et lui envoya des dames de sa connaissance pour essayer de la gagner. De leur côté, des amis de Séleucus se joignirent à ces dames, et firent tous leurs efforts pour ébranler les généreux confesseurs de Jésus-Christ : tout fut inutile. La nuit qui suivit, ils la passèrent en de ferventes prières : un ange leur apparut encore pour les encourager et leur donner un gage certain de la victoire. Puis, les portes de leur chambre s'étant ouvertes d'elles-mêmes, ils sortent, et, conduits par un guide mystérieux, ils arrivent aux portes de la ville qui se trouvent aussi miraculeusement ouvertes, et se rendent au lieu où avaient péri les martyrs. Ce fut là que, à la surprise universelle, on les trouva, le lendemain, à genoux et en prières.

Le juge s'y transporta et demanda à Stratonice qui lui avait ouvert les portes de la prison, et lequel de ses esclaves elle avait gagné. « J'atteste le Christ, répondit Stratonice, que personne n'a ouvert les portes de notre prison, ni celles de la ville : c'est Celui qui étant autrefois enfermé dans le tombeau, et gardé par des soldats, passa à travers la pierre, et monta au ciel, où il est assis à la droite de Dieu son Père. » Et elle continua à parler longuement de Jésus-Christ, citant avec assurance les saintes Écritures, au point que le juge, qui savait qu'elle n'avait jamais ouvert les livres des chrétiens, ne pouvait revenir de sa surprise. Elle se riait de ses menaces et bravait tous les tourments. Le juge se contenait, par égard pour son père ; enfin, cédant à sa colère, il la fit étendre sur le chevalet et battre avec des verges hérissées d'épines. Son sang coula avec abondance, et des lambeaux de sa chair volèrent sous les coups.

Ensuite, le juge s'adressa à Séleucus. Il lui représenta d'abord sa jeunesse, sa fortune, ses brillantes espérances, et combien il était honteux pour un homme de se laisser séduire par les rêves d'une femme. Séleucus fut d'abord inébranlable; mais quand il se vit condamné à être frappé du bâton jusqu'à perdre le sentiment, quand il fut entre les mains des bourreaux, il commença à trembler; mais Stratonice lui saisit la main, l'encouragea et lui cria d'appeler Jésus-Christ à son secours. « Assistez-moi, Seigneur Jésus, » s'écria le martyr. Et en même temps il vit un ange à ses côtés, et il reprit courage.

Quand les bourreaux eurent fini, le juge fit conduire en prison les deux martyrs, et défendit qu'on leur donnât de l'eau pour les rafraîchir : or, c'était au mois d'août, et la chaleur était excessive; ils restèrent étendus, immobiles, tout couverts de plaies saignantes, et le juge lui-même ne put s'empêcher d'admirer leur constance.

Le lendemain il revint à la charge ; après avoir essayé, mais en vain, de leur faire renier Jésus-Christ, il commanda d'allumer du soufre et de leur en faire respirer l'odeur pour les étouffer; mais, ô prodige! un parfum délicieux remplaça tout à coup l'odeur du soufre, et embauma les saints martyrs, loin de leur faire aucun mal.

Ce miracle ne fit que redoubler la rage du juge, qui ordonna aussitôt de les dépouiller de leurs vêtements et de les rouler sur des lames rougies au feu ; mais ces lames brûlantes, comme si on eût soudainement versé dessus de l'eau glacée, se refroidirent, et les martyrs triomphants se mirent à chanter ces paroles du Psalmiste : *Le Seigneur est mon secours, et je ne crains pas ce que me font les hommes.* La foule stupéfaite cria au miracle; mais le juge endurci attribua tout à la magie, et, transporté d'une fureur nouvelle, il fit frapper les martyrs de la façon la plus cruelle; après quoi, on les reconduisit en prison, où ils restèrent pendant trois jours sans boire ni manger, car le juge avait défendu sous peine de mort de leur porter même une goutte d'eau. Mais l'ange du Seigneur les visita encore, leur annonça de nouveaux combats et de nouveaux triomphes, et les laissa remplis de consolations et de force.

Lorsque, quatre jours après, on les tira de prison pour les mettre une troisième fois à la torture, on les trouva pleins de vigueur, et chantant ces paroles du psaume : *Guérissez mon cœur brisé, ô vous qui guérissez ceux qui ont le cœur contrit, et pansez leurs blessures.* Le juge, qui croyait qu'à peine ils respiraient encore, s'imagina que le gardien de la prison, gagné à prix d'argent, avait introduit secrètement des médecins auprès d'eux, et il voulait le faire mourir; mais celui-ci attesta avec serment que la prison n'avait été ouverte à personne; il produisit en témoignage ceux qui en avaient gardé la porte; il affirma même qu'une nuit, lui et tous ses gens avaient été témoins d'un spectacle étrange; ils avaient vu la prison des chrétiens éclairée d'une lumière céleste, et un jeune homme à la face auguste et rayonnante qui s'entretenait avec eux. Tout cela ne faisait qu'irriter la rage insensée du juge. Il fit venir les deux chrétiens et les interrogea lui-même. « Quel est le médecin qui vous a guéris? » leur dit-il. Stratonice se mit à rire. « Pourquoi ris-tu, insensée? lui dit le juge.

— Que lui ferez-vous, à ce médecin, si je vous le nomme?

— J'atteste les dieux, dit le juge, qu'il expiera son audace dans les plus affreux tourments.

— Eh bien, sachez donc, dit Stratonice, que ce médecin c'est le Christ; c'est lui qui, après que vous nous avez déchirés avec tant d'inhumanité, nous a miraculeusement guéris; et quel homme eût pu le faire? »

Alors le juge les fit suspendre au chevalet, et déchirer avec des ongles de fer qui entraient profondément dans leur chair, et en emportaient des lambeaux. Les martyrs, pendant ce supplice, regardaient le ciel, et s'écriaient : « Jésus-Christ, Fils de Dieu, soutenez notre faiblesse. » Ce tourment dura trois heures, et les martyrs ne poussèrent pas un seul soupir; cependant toute leur chair était emportée et on voyait leurs os; et le juge et les bourreaux les admiraient eux-mêmes. « Il me semble que vous ne souffrez pas, Stratonice, dit le juge.

— Non, dit la chrétienne, j'en prends à témoin Jésus-Christ. Il y a dans mon cœur quelque chose qui m'empêche de sentir la douleur, c'est l'espérance du bonheur qui m'attend après cette vie, et qui sera d'autant plus grand que vous m'aurez tourmentée davantage. »

Le juge : « Vous n'avez pas honte d'avoir les mains liées, et d'être battue de verges, comme les voleurs et les parricides, sous les yeux de tous les habitants de Cyzique ? »

Stratonice : « Celui à qui sa conscience ne fait pas de reproches n'a pas à rougir; celui que la honte doit couvrir, c'est celui qui, quoique applaudi par ses complices, ne peut s'empêcher de s'accuser dans son cœur. »

Le juge : « Stratonice, vous êtes ivre. »

Stratonice : « Oui, je suis ivre, non pas de vin, comme vous dans vos orgies, mais de l'amour de Jésus-Christ. Une seule goutte de ce nectar qu'il a versée dans mon âme l'a enflammée. Aussi je veux aller à lui, même à travers tous les supplices; en lui seul j'ai mis ma confiance. »

Le juge : « Je m'afflige quand je considère que je vais livrer aux bourreaux tant de beauté. Stratonice, un mot seulement, et vous êtes libre. »

Stratonice : « O juge, vous n'obtiendrez pas plus par les caresses que par les menaces. Nous foulons aux pieds les édits impies de vos empereurs, et nous rions de vos dieux. »

Le juge voulut lui faire arracher la langue pour la punir de l'insulte qu'elle venait de faire aux empereurs et aux dieux ; mais le peuple s'y opposa, ne pouvant supporter qu'un tel traitement fût fait à la fille d'un des premiers citoyens de la ville. Enfin, sur le conseil des principaux habitants, le juge fit conduire les martyrs au temple le plus vénéré de Cyzique, espérant que la présence des dieux leur en imposerait. Là on leur présenta de l'encens, et on leur commanda de le brûler en l'honneur du grand Jupiter. Stratonice dit qu'elle ne brûlerait jamais de l'encens en l'honneur d'une pierre. « Voilà comme vous traitez le plus grand des dieux ! s'écria le juge : eh bien, c'en est fait, désormais je suis inflexible, je vais vous conduire au bûcher, et avant de vous faire mourir, vous défigurer d'une manière horrible. »

Stratonice lui répondit : « Quoi qu'il en soit de cette beauté que vous voulez détruire, elle a deux ennemis inévitables, la vieillesse et la mort. Je ne suis pas assez insensée pour préférer des grâces passagères et fugitives à l'immortelle beauté de l'âme. La beauté sans la vertu est bien méprisable ; mais avec la vertu on est toujours belle. »

Le juge, qui se sentait vaincu par les réponses magnanimes de la jeune chrétienne, commanda d'appliquer des lampes allumées sur les côtés des deux martyrs et sur le visage de Stratonice. Stratonice fit cette prière : « Seigneur Jésus, Fils de Dieu, confondez ces impies, et donnez-leur une preuve de votre puissance. » Aussitôt toutes les lampes s'éteignirent, et les bourreaux ne purent jamais parvenir à les rallumer. Les martyrs triomphèrent, et le tyran, confondu, sentit redoubler sa rage. Il les fit étendre de nouveau sur le chevalet, et frapper avec des lanières de cuir, jusqu'à ce que tout leur corps ne fût qu'une plaie ; après cela, ils furent reconduits en prison, où on les tint pendant cinq jours dans les fers et dans les entraves ; c'était dans les chaleurs du mois d'août, et personne n'osa leur apporter une goutte d'eau pour les rafraîchir.

Cependant le juge convoqua de nouveau les principaux habitants de Cyzique, et les consulta sur ce qu'il avait à faire pour réparer le scandale public qui avait été donné, et épouvanter les chrétiens. L'un lui conseillait de faire périr les confesseurs par le glaive, un autre de les lapider, un autre de les jeter à la mer. « Mais ces supplices sont vulgaires, dit le juge; c'est quelque chose d'inouï et de terrible qu'il nous faut. » Il fit venir les parents de Stratonice et de Séleucus, et leur demanda quelles étaient les choses que leurs enfants avaient le plus en horreur. « Ma fille, dit Apollonius, aurait horreur par-dessus tout de l'odeur des cadavres; sa délicatesse va si loin, qu'elle ne peut pas même supporter une haleine étrangère.

— Il en est de même pour mon fils, dit la mère de Séleucus, et c'est au point qu'il s'abstenait souvent d'aller sur la place publique, ne pouvant soutenir l'odeur des objets qu'on y apportait.

— Eh bien, dit le juge, c'est par là qu'il faut les punir. »

Il y avait hors de la ville, du côté du midi, près du chemin, un cimetière où l'on avait jeté récemment quinze cadavres qui exhalaient une odeur si pestilentielle, que ceux qui passaient par là étaient obligés de se détourner du chemin. C'est là, au milieu de ces cadavres en putréfaction, que le juge résolut de jeter les martyrs, pour les suffoquer par cette odeur infecte. « J'ai enfin trouvé, leur dit-il, le moyen de triompher de votre indomptable opiniâtreté : vous allez subir un supplice inouï parmi les hommes; vous êtes délicats, je le sais; eh bien, on va vous jeter avec des cadavres en putréfaction; nous verrons bien si le Christ, à qui vous vous êtes donnés, vous viendra en aide.

— N'en doutez pas, répondit Stratonice; il nous a secourus jusqu'à présent, il le fera encore; j'espère même qu'il changera cette odeur de mort en délicieuse senteur, afin de manifester avec éclat sa puissance, et de vous confondre, vous et vos dieux. »

Cependant le juge fit venir quatre fossoyeurs, leur donna des éponges remplies d'essences et de parfums, et leur commanda de jeter promptement les martyrs dans la crypte infecte, et d'en sceller la porte du sceau public, afin que personne ne fût tenté d'aller les en retirer.

Tandis qu'on les conduisait à cette prison d'un genre nouveau, les principaux habitants ainsi que la populace, toute la ville, en un mot, accourut sur leur passage, pleurant leur mort comme une calamité publique. « Que votre Dieu, qui a déjà fait en votre faveur tant de prodiges, vous sauve encore de cet affreux supplice, disait le peuple. » Apollonius était dans la foule; il s'arrachait les cheveux, et les jetait sous les pas de sa fille en s'écriant : « Ma fille, ma fille, ne meurs pas de cette mort horrible! aie pitié de toi-même!

— Mon père, disait Stratonice, je vous l'ai déjà dit : je ne vous connais plus; j'ai été forcée de mettre en pratique ces paroles du Seigneur : *Celui qui ne renonce pas à son père, à sa mère, à tout ce qu'il possède, ne peut pas être mon disciple.* » Plus son père témoignait de douleur, plus l'âme de la chrétienne s'embrasait d'amour pour Jésus-Christ.

Quand on aperçut le cimetière, la foule poussa des gémissements et fit aux martyrs de longs adieux; mais elle n'osa pas approcher. Les fossoyeurs se hâtèrent d'exécuter leurs ordres, et se retirèrent au plus vite, après avoir scellé la porte; le peuple rentra dans la ville en pleurant les martyrs, croyant bien ne plus les revoir.

O prodige! voici que le ciel s'entr'ouvre, une flamme brillante s'arrête au-dessus de la tombe, et un nuage embaumé chasse l'odeur infecte des cadavres en putréfaction, et répand au loin dans les airs les plus douces senteurs. La ville entière fut témoin du miracle : les habitants accouraient en foule à ce lieu, d'où la veille ils s'éloignaient avec horreur; les malades, en respirant cette odeur délicieuse, étaient subitement guéris; on entendait sortir du fond de la tombe des chants, de doux accords. Les martyrs passèrent sept jours dans ce sépulcre, ainsi que dans un jardin de délices, et quand on les en tira, la foule se pressa autour d'eux si nombreuse, que les soldats furent obligés de tirer l'épée pour se frayer un passage : les martyrs étaient souriants et radieux, je ne sais quoi de divin et de céleste respirait sur leur visage. Le peuple s'écriait avec transport : « Il est grand, il est puissant le Dieu des chrétiens ! » et on les conduisit à la ville comme en triomphe. Un grand nombre, touchés de ces prodiges, embrassèrent la foi chrétienne.

Le juge, de plus en plus furieux, résolut de tenter un dernier effort, et de livrer les martyrs à un supplice dont aucun artifice ne pourrait les garantir; car il attribuait, l'insensé, à je ne sais quelle science occulte des prodiges si manifestement divins. Par ses soins, trois énormes bûchers, qui égalaient presque en hauteur les murs de la ville, furent dressés, et il défia hautement le Christ d'empêcher ses adorateurs d'être en un moment réduits en cendre. Les martyrs, joyeux et triomphants, lui disaient : « Notre Dieu a autrefois sauvé trois enfants jetés dans une fournaise ardente à Babylone, la flamme pour eux s'est changée en douce rosée et a dévoré leurs persécuteurs : ainsi Jésus-Christ Fils de Dieu nous sauvera de vos bûchers. » Une foule immense les suivit au lieu du supplice, ou couvrit le haut des remparts pour être témoin du spectacle. Au moment où on mettait le feu aux bûchers, les martyrs firent cette prière : « O Seigneur Jésus-Christ, crucifié pour notre salut, vous dont la nature entière pleura la mort, manifestez aujourd'hui votre puissance aux yeux de tout ce peuple, et confondez vos ennemis. » Tout à coup on sentit trembler la terre, le tonnerre gronda, une pluie de feu tomba des airs, et consuma en un moment les bûchers, les bourreaux, et ceux des spectateurs qui s'étaient avancés trop près. Du haut des murs de la ville, le peuple voyait les flammes tournoyer avec fureur, comme les flots d'une mer irritée, et les martyrs semblaient se jouer dans les flammes, comme les poissons au sein des ondes. Elles se courbèrent comme une voûte au-dessus de leurs têtes : et en même temps deux séraphins étendirent sur eux des robes de feu, et ils chantèrent : *O saints, aimez le Seigneur; il garde ceux qui lui sont fidèles !* Le peuple s'écria : Il est grand le Dieu des chrétiens ! et de nouveau beaucoup se convertirent.

Le juge, confondu et découragé, résolut d'écrire à l'empereur, et de lui remettre le jugement de cette affaire ; l'empereur répondit qu'il fallait les décapiter. Les martyrs furent donc conduits sur une colline, agréablement située sur le bord de la mer; mais avant que la sentence de l'empereur fût exécutée, ils eurent encore à souffrir d'affreuses tortures. Le juge avait fait prendre par des enchanteurs de serpents un grand nombre d'aspics et de vipères; on les lâcha contre les saints martyrs. Les martyrs, à cette vue, levèrent les yeux au ciel, et s'écrièrent : « Vous avez dit, Seigneur : *Je vous donne ma vertu, et vous foulerez aux pieds les serpents et les scorpions, et toutes les puissances de l'enfer;* souvenez-vous de cette parole. » Aussitôt, à la stupéfaction du juge et aux acclamations du peuple, tous les reptiles crevèrent par le milieu du corps, et restèrent morts. Alors le juge, furieux, fait enfoncer aux martyrs dans les narines des broches rougies au feu, et de plus, fait planter dans les jambes de Stratonice, depuis les pieds jusqu'aux genoux, des clous aussi rougis au feu. Stratonice ne poussa pas un soupir, seulement elle levait les yeux au ciel, et disait avec calme et tranquillité : « Seigneur Jésus, assistez-moi. » Enfin le tyran barbare leur fit couper les mains à tous deux. Alors les cris du peuple redoublèrent ; il se pressait en tumulte autour du tribunal, semblable aux flots d'une mer orageuse, et demandait la fin de ces atroces tourments. Le juge alors commanda de décapiter les deux chrétiens. Mais Stratonice pria une noble dame, nommée Théoctiste, qui s'était convertie en voyant les prodiges opérés en faveur des martyrs, d'obtenir des soldats qu'on la laissât parler au peuple. Théoctiste l'obtint, et les martyrs, s'étant tournés vers la foule, Stratonice dit ces paroles : « Habitants de Cyzique, écoutez. Vous savez quel est mon père, quelle est ma famille ; cependant aussitôt que j'ai été éclairée de la lumière divine, et que j'ai connu Jésus-Christ, père, mère, parents, j'ai tout abandonné, et j'ai affronté tous les supplices dont vous avez été témoins, afin d'obtenir les récompenses éternelles que Jésus-Christ a promises. » Puis, levant les yeux au ciel, elle pria ainsi : « Seigneur Jésus, si je vous ai confessé devant les hommes, confessez-moi aussi devant votre Père. Si j'ai méprisé pour vous cette vie fragile et mortelle, donnez-moi l'immortelle vie. » Quand elle eut cessé de prier, les soldats levèrent le glaive, et, voyant qu'elle allait être couronnée, elle dit : « Seigneur Jésus, recevez mon âme, » et elle reçut le coup mortel. Séleucus fut décapité à son tour en prononçant les mêmes paroles : leurs deux corps tombèrent l'un sur l'autre.

Le juge avait ordonné de jeter les deux corps à la mer ; mais Théoctiste lui fit révoquer cette sentence. Il rentra dans la ville ; le peuple alors se précipita en foule sur les saints martyrs, et répandit sur eux des larmes et des parfums. On ensevelit leurs précieuses reliques dans le même tombeau : et quand la paix fut rendue aux chrétiens, le pieux empereur Constantin y fit bâtir une église.

ACTES

DES SEPT MARTYRS DE SAMOSATE : HIPPARQUE, PHILOTHÉE, JACQUES, PARAGRUS, HABIBE, ROMAIN ET LOLLIEN.

(Sous Maximien-Galère, l'an 287.)

La cinquième année de son règne, l'impie Maximien (1) ordonna de faire aux dieux des sacrifices et de solennelles prières dans toutes les villes de la domination romaine. L'empereur fit publier lui-même l'édit à Samosate (2), où il se trouvait alors, et convoqua tous les habitants au temple de la Fortune, situé au centre de la cité : on n'entendait partout que le son des trompettes et le bruit des tambours; et l'odeur des victimes qu'on égorgeait, et la vapeur de l'encens qu'on brûlait, remplissaient les airs.

Peu de temps avant la promulgation de l'édit, Hipparque et Philothée avaient, de concert, embrassé la religion chrétienne : Hipparque avait chez lui une sorte de sanctuaire où l'image de la croix était peinte sur la muraille du côté de l'orient, et c'était là, devant cette image sainte, que les deux chrétiens venaient sept fois par jour, le visage tourné vers l'orient, adorer Jésus-Christ.

Un jour, quelques jeunes gens de leurs amis, Jacques, Paragrus, Habibe, Romain et Lollien, vinrent les visiter. C'était vers la neuvième heure du jour; ils les trouvèrent en prières dans ce sanctuaire devant l'image de la croix. Ils leur

---

(1) Il revenait victorieux d'une expédition contre les Perses, qu'il avait forcés à signer un traité désavantageux que pendant quarante ans ils n'osèrent violer.

(2) Capitale de la Syrie Comagène.

demandèrent avec étonnement pourquoi, quand la ville entière était rassemblée au temple de la Fortune, où les empereurs avaient fait porter les dieux de tous les autres temples, loin de prendre part à cette fête solennelle et à la commune joie, ils priaient retirés dans cet obscur sanctuaire, comme s'ils étaient étrangers dans la ville. Hipparque et Philothée répondirent qu'ils adoraient dans ce sanctuaire le Dieu qui a créé le monde. « Quoi ! dit l'un de ces jeunes gens, est-ce que vous pensez que cette croix de bois c'est le Créateur ? Car c'est elle, je crois, que vous adorez. »

Hipparque lui répondit : « Ce n'est pas la croix que nous adorons, mais celui qui a été attaché à la croix, le Fils de Dieu, engendré et non fait, consubstantiel (1) à son Père, Dieu comme lui, dont la puissance a créé, conserve et soutient le monde. Il y a déjà trois ans qu'un prêtre de la vraie foi, nommé Jacques, nous a baptisés au nom du Père, du Fils et du Saint-Esprit, et depuis ce temps il nous administre assidûment le corps et le sang de Jésus-Christ ; aussi nous garderons-nous bien de nous produire en public, pour ne pas respirer l'odeur des victimes qui infecte toute la ville. »

Alors Paragrus et ses compagnons lui demandèrent s'il croyait qu'il y eût un Dieu plus puissant que ceux qui étaient au temple de la Fortune.

« Quoi, répondit Hipparque, ne voyez-vous pas que ce sont les prêtres qui les y ont transportés, pour tromper le vulgaire ? Des dieux qui ne peuvent se porter eux-mêmes sont-ils des dieux ?

— Initiez-moi à votre religion, dit Jacques, et faites-moi

(1) Ces expressions sont exactement celles qu'employa, au siècle suivant, le concile de Nicée, pour préciser contre les ariens la notion de la divinité de Jésus-Christ.

Le dogme de la Trinité est clairement professé plus bas, ainsi que la présence réelle du corps et du sang de Jésus-Christ au sacrement de l'Eucharistie. Or ces Actes ont été écrits par le prêtre même qui administrait ce sacrement aux saints martyrs.

connaître votre Dieu, puisque c'est lui, dites-vous, qui a créé le monde.

— Et toi, dit Philothée à Habibe, qu'en penses-tu ?

— Je l'avoue, répondit Habibe, j'avais cru jusqu'à présent que les dieux à qui nous adressons en ce moment de solennelles prières étaient les dieux qui ont créé le monde.

— Si vous aimez la vérité, reprit Hipparque, je vous ferai connaître la sagesse et la puissance du vrai Dieu. »

Les cinq jeunes gens lui répondirent :

« Nous comprenons pourquoi, n'adorant pas les dieux des empereurs, vous n'avez pas pris part à leurs fêtes ; cependant vous êtes revêtus d'une magistrature, vous jouissez d'un haut rang à la cour, peut-être serait-il convenable de vous montrer en public avec les insignes de votre charge ; ainsi, tout en refusant d'adorer les dieux, vous éviteriez de vous compromettre. Nous aussi nous voudrions nous faire initier à vos mystères, si nous le pouvions sans péril.

— Écoutez, chers amis, répondirent les deux chrétiens. La brique, avant d'avoir été détrempée dans l'eau et cuite au feu, n'est qu'une boue tendre et molle, mais après elle résiste également au froid de l'hiver et aux ardeurs de l'été. De même, si vous voulez acquérir cette force d'âme qui nous rend inébranlables dans notre foi, commencez par recevoir le baptême, après cela vous ne redouterez plus aucun péril.

— Nous le voulons, répondirent-ils ; et en effet, depuis que vous nous parlez, et que nous regardons cette croix, une ardeur inconnue, un feu céleste a embrasé nos âmes. »

— Appelons, s'écrièrent les deux chrétiens, appelons pour vous marquer du sceau du Christ le prêtre qui nous a baptisés nous-mêmes.

— Oui, dirent-ils, nous recevrons avec bonheur le baptême.

— Si tel est votre désir, leur dit Hipparque, retirez-vous

pour en délibérer encore, et demain venez nous dire à quoi vous êtes résolus.

— Mais pourquoi retarder? lui répondent ses amis impatients; ici, à l'instant même, enrôlez-nous sous la bannière du Christ. »

Comblés de joie en voyant cette ardeur, Hipparque et Philothée font porter par un esclave au prêtre Jacques une lettre conçue en ces termes : « Accourez au plus vite, et apportez un vase d'eau, une hostie, et une fiole d'huile d'onction; nous vous attendons ici avec des brebis égarées qui viennent d'entrer dans le bercail de Jésus-Christ, et qui demandent à être marquées de son signe. » A la lecture de cette lettre, le prêtre fut ravi, et le visage tout rayonnant de la joie de son âme, il tomba à genoux, et dit : « Seigneur, Père de Notre-Seigneur Jésus-Christ, vous qui l'avez envoyé pour être le Sauveur du genre humain; ô Dieu notre espérance, je vous en conjure, fortifiez par votre grâce vos serviteurs Hipparque et Philothée, et qu'ils soient les colonnes de la vérité dans votre Église, l'Église de Jésus-Christ votre Fils Notre-Seigneur, et du Saint-Esprit, dans les siècles des siècles. Ainsi soit-il ! »

Après cette prière il accourut, portant sous son manteau tout l'appareil des saints mystères, et il trouva réunis dans le sanctuaire d'Hipparque les deux chrétiens et leurs cinq compagnons, Jacques, Paragrus, Habibe, Romain et Lollien, à genoux et en prières : le prêtre les salua par ces paroles : « La paix soit avec vous, serviteurs du Christ, mort sur la croix pour sa créature. » Aussitôt tous se levèrent, et les cinq catéchumènes se jetèrent à ses pieds, en lui disant : « Ayez pitié de nous, prêtre du Seigneur, et marquez-nous du sceau du Christ.

— Mais, dit le prêtre, si vous êtes persécutés, torturés, martyrisés, souffrirez-vous pour le Christ, comme il a lui-même souffert pour vous? Car nous, chrétiens, s'il nous arrive de souffrir quelque chose pour lui, à nos yeux c'est un juste retour que nous payons à sa bonté et à sa toute-puissance : n'est-ce pas lui, en effet, qui nous a tirés du néant, qui a formé notre corps dans le sein maternel, et qui a posé ses mains sur nous, comme disent les saintes lettres : *Vous m'avez créé, et sur moi vous avez posé votre main.* Ce Dieu, qui ne devait rien à sa créature, du haut de sa grandeur suprême est descendu jusqu'à notre néant : il est né, homme comme nous, de la vierge Marie, et il est mort, et il est ressuscité le troisième jour; et il a vaincu le démon qui avait séduit Adam, notre premier père, et lui avait fait perdre le paradis. » L'image des persécutions que le prêtre avait évoquée à leurs yeux ne les effraya pas, et ils répétèrent tous ensemble les paroles de l'Apôtre : *Ni l'élévation, ni la profondeur, ni les choses présentes, ni les choses futures, rien ne pourra nous séparer de la charité de Dieu, qui est dans le Christ Notre-Seigneur.* » Alors le prêtre : « Prions, dit-il, mes frères. » Et aussitôt, se mettant à genoux, ils prièrent pendant une heure entière ; après cela, ils se relevèrent, et le prêtre dit : « Que la grâce de Notre-Seigneur Jésus-Christ soit avec vous tous. Ainsi soit-il. » Alors les catéchumènes firent un acte de foi au vrai Dieu, abjurèrent ces dieux faits de la main des hommes, et qui ne sont pas des dieux, et le prêtre les baptisa au nom du Père, du Fils et du Saint-Esprit, et leur administra incontinent le corps et le sang du Sauveur. Après cela, il remit sous son manteau tout l'appareil des saints mystères, et se retira à la hâte, et avec de grandes précautions, craignant d'être surpris par quelque païen dans la maison d'Hipparque ; car il était vieux et vêtu d'un habit pauvre, tandis qu'Hipparque et Philothée, et leurs compagnons, étaient des hommes très-considérés dans la ville, et honorés des plus hautes dignités.

Le troisième jour de la fête, l'empereur s'informa si aucun des magistrats n'avait méprisé les dieux, et si tous avaient pris part aux sacrifices. On lui répondit que depuis trois ans Hipparque et Philothée n'invoquaient plus les dieux, et ne paraissaient plus dans les solennités religieuses; aussitôt il ordonna qu'ils fussent conduits au temple de la Fortune et contraints de sacrifier. Les officiers chargés de l'exécution de cet ordre se rendirent à la maison d'Hipparque, et l'y trouvèrent avec les six autres chrétiens. Hipparque et Philothée leur dirent : « Nous cherchez-vous tous les deux seulement, ou bien nous cherchez-vous tous, car nous sommes sept? » Les officiers répondirent que l'empereur n'avait parlé que d'Hipparque et de Philothée. Alors Philothée, s'adressant aux cinq nouveaux chrétiens ses amis, leur dit : « Mes frères, et mes fils dans le Seigneur, je crains que vous ne puissiez pas soutenir le combat auquel on nous appelle pour le nom de Notre-Seigneur Jésus-Christ; nous, depuis que nous avons embrassé la religion chrétienne, nous nous préparons à cette épreuve; mais vous, ce n'est que d'hier que vous êtes chrétiens, l'empereur l'ignore encore, et ces officiers vous promettront facilement de se taire; puis donc que vous n'êtes pas arrêtés, quittez la ville, cachez-vous et laissez passer l'orage.

— Non, non, s'écrièrent-ils, nous ne nous séparerons pas de vous; nous sommes sûrs de supporter tous les tourments et la mort même pour le nom de Jésus-Christ Notre-Seigneur. » On les amena donc tous ensemble à l'empereur.

Quand ils furent arrivés devant lui, ils ne firent pas en sa présence les révérences accoutumées; mais le front haut, et les yeux élevés vers le ciel, ils priaient Dieu de leur venir en aide dans leur combat. L'empereur se crut outragé.

« Quelle est donc votre impiété, leur dit-il, si vous refusez même d'incliner la tête devant moi? Ne savez-vous pas que je tiens ici la place des dieux?

— Vous êtes, répondit Hipparque, un homme comme nous. »

L'empereur : « Si vous refusez de m'obéir, parce que je suis un mortel, du moins, impies, obéissez aux dieux immortels ? »

Hipparque : « La conséquence n'est pas légitime ; car vous êtes bien au-dessus de vos dieux : vous êtes la créature du Dieu suprême, ils sont l'ouvrage de la main des hommes ; ils ont une bouche et ne parlent pas, ils ont des yeux et ne voient pas. *Qu'à ces dieux ressemblent ceux qui les ont faits, et qui mettent en eux leur espérance.*

— Tu es fou, Hipparque, répondit l'empereur. »

Hipparque : « Que voulez-vous de nous ? »

L'empereur : « Sacrifiez, et pensez au reste comme vous voudrez. »

Hipparque : « Périssent à jamais les dieux qui ne sont pas les auteurs du monde ! »

L'empereur : « Adore-les, misérable, ou tu appelles sur ta tête les plus affreux supplices. »

Hipparque : « J'ai honte vraiment de vous entendre appeler des dieux de la pierre et du bois. »

L'empereur, transporté de colère, lui fit donner cinquante coups de fouets garnis de plomb, et ordonna de le jeter dans une obscure prison. Puis il fit amener Philothée.

« Ton nom, lui dit-il, veut dire que tu aimes les dieux.

— Philothée (1), répondit le confesseur, veut dire *qui aime Dieu*, et non pas *qui aime les dieux.* »

L'empereur : « Laisse ces subtilités, et que le châtiment de ton compagnon te rende sage. Sacrifie aux dieux, et je te comble d'honneurs, je te nomme préteur à Rome. »

Philothée : « Vos paroles, prince, sont de la poussière que vous jetez au vent. »

---

(1) Le nom de Philothée est formé de deux mots grecs : φίλος, *qui aime,* et Θεός, *Dieu.*

L'empereur : « Malheureux! je parle de te combler d'honneurs, et tu me réponds par des outrages. »

Philothée : « Il est écrit : *Je glorifie ceux qui me glorifient, et ceux qui me méprisent seront avilis*, a dit le Seigneur. »

L'empereur : « Fais-moi grâces de ces sottises, je n'ai pas le temps de les entendre. »

Philothée : « Ce sont les paroles mêmes du Dieu vivant, et vous n'avez pas le temps de les entendre! »

L'empereur : « Qu'on apporte de l'encens. Philothée, brûle seulement de l'encens en l'honneur des dieux, et tu peux espérer les plus grands honneurs. »

Philothée : « Ces honneurs seraient ma honte. »

L'empereur : « Si tu appelles honte les honneurs que je te donne, quel nom donneras-tu au déshonneur lui-même? »

Philothée : « Le déshonneur que je puis souffrir pour Jésus-Christ, je l'appelle un honneur. »

L'empereur : « Je ne dis plus qu'un seul mot : sacrifie. »

Philothée : « Le Christ, que j'adore, et pour qui je comparais devant vous, comme il comparut lui-même autrefois pour le salut des pécheurs, a créé d'une parole ce bel univers, et d'une parole pourrait, s'il le voulait, l'anéantir; sa main pèse les montagnes et met les collines dans la balance. Cependant il a permis un jour que les impies missent la main sur lui, que Pilate le jugeât, et, pouvant renverser les bourreaux qui l'attachèrent à la croix, il se laissa conduire, disent les saintes lettres, *comme un agneau à la boucherie, il se tint silencieux comme l'innocente brebis devant celui qui la tond*. Voilà ce que je voulais vous dire, prince, de peur que vous ne pensiez que ce Dieu, puisqu'il nous livre en vos mains, est sans puissance. Nous avons appris de lui-même à n'espérer qu'en lui, et à ne chercher que son royaume éternel. Mais vous, vous mourrez un jour, et tout alors sera fini pour vous.

— Je vois bien, Philothée, dit l'empereur, que tu n'es pas

illettré, aussi ne t'appliquerai-je pas à la question ; car les verges corrigent l'insensé, et la raison le sage. Je vais seulement te faire conduire en prison, les mains attachées derrière le dos, et te laisser à tes réflexions ; tu reviendras à de meilleurs sentiments, je l'espère. »

Sur-le-champ on lui met aux mains une chaîne, et on l'emmène dans une prison séparée de celle d'Hipparque.

Les cinq néophytes furent interrogés à leur tour. L'empereur leur dit : « Ces vieillards sont déjà sur le bord de la tombe, et ne veulent plus de la vie, je le conçois ; mais vous, qui êtes encore à la fleur de votre âge, vous n'imiterez pas leur folie.

— Prince, répondirent les néophytes, vous vous abusez ; nous marchons sur les traces de nos vénérés pères Hipparque et Philothée. Nous portons encore en nous le corps et le sang du Christ : des corps consacrés par le contact de ce corps divin, destinés à son céleste royaume, pourrions-nous les profaner par le culte des idoles ? »

L'empereur : « Je vous pardonne en faveur de votre âge ; mais vous, ayez aussi pitié de votre jeunesse, et considérez où peut vous mener votre folle obstination. Si vous persévérez, j'en jure par les dieux, vous périrez, après avoir souffert d'affreux supplices. »

Les néophytes : « Nous ne craignons pas vos supplices ; car le Seigneur a dit : *Ne craignez pas ceux qui tuent le corps, mais ne peuvent tuer l'âme.* »

L'empereur : « Vous citez, je crois, les paroles du Crucifié ; eh bien ! si vous n'obéissez à mes ordres, j'en atteste les dieux en présence de toute la ville de Samosate, je vous fais attacher à la croix comme votre maître. »

Les néophytes : « Le Seigneur a dit encore : *Le serviteur n'est pas au-dessus de son seigneur ; le disciple ne doit pas être mieux traité que son maître : il doit être heureux de partager son sort.* »

L'empereur : « Eh bien! oui, vous serez traités comme votre maître, vous subirez le même supplice. »

Les néophytes : « Il est vrai, notre maître a souffert la mort, mais trois jours après il est ressuscité; il est remonté au ciel, d'où il était descendu : c'est là qu'assis à la droite de Dieu son Père, il se rit de vos vaines fureurs contre ses disciples, comme dit l'Écriture : *Celui qui est assis aux cieux, se rira d'eux, le Seigneur leur insultera.* Jérusalem, où il a été crucifié, est ruinée de fond en comble; les Juifs, qui furent ses bourreaux, ont été dispersés par toute la face de la terre. Ces vaines divinités que vous placez sur vos autels, il les renversera un jour, et il perdra leurs adorateurs, selon cet autre oracle de nos saintes lettres : *Il parcourt dans sa course les deux extrémités des cieux, et nul ne peut se dérober à sa chaleur. Son règne est éternel, et sa puissance s'étend de génération en génération.*

— On abuse de ma patience! » s'écria l'empereur furieux, et il ordonna qu'ils fussent chargés de chaînes et jetés dans des cachots séparés, jusqu'à la fin des fêtes. Ils restèrent quinze jours entiers dans des cryptes profondes, humides et ténébreuses.

Les fêtes achevées, l'empereur fit élever son tribunal hors de la ville, sur les bords de l'Euphrate. Ayant appelé le gardien de la prison, il l'adjura de déclarer, sur la foi du serment, si quelqu'un avait porté à boire ou à manger à ces contempteurs des dieux. Celui-ci jura que les confesseurs n'avaient pris absolument rien; qu'ils étaient restés dans les souterrains sans voir personne : « Cependant, ajouta-t-il, je prêtais souvent l'oreille du dehors, et je les entendais répéter sans cesse, d'une voix qui s'affaiblissait tous les jours : La croix sera notre secours!

— Qu'on les amène, » dit l'empereur. On alla donc les tirer de prison. Hipparque et Philothée parurent les premiers avec des chaînes au cou; les cinq autres les suivaient, les mains liées derrière le dos.

« Eh bien! leur dit Maximien, la prison vous a-t-elle inspiré de meilleures pensées? Êtes-vous prêts maintenant à sacrifier aux dieux?

— Tyran, répondirent les martyrs, es-tu donc semblable à tes dieux? as-tu donc des oreilles pour ne pas entendre? Ne t'a-t-on pas répété cent fois que rien au monde ne pourrait nous séparer de l'amour de Notre-Seigneur Jésus-Christ?»

Exaspéré d'une telle réponse, Maximien les fit étendre aussitôt sur un chevalet, et battre cruellement avec des lanières de cuir et des fouets garnis de plomb; après quoi les soldats les reconduisirent en prison, avec ordre de ne leur donner que ce qu'il faudrait de nourriture pour les empêcher de mourir de faim.

Deux mois après ils reparurent devant le tyran, horriblement défigurés par la souffrance, et plus semblables à des squelettes qu'à des hommes vivants.

« Vous n'êtes pas encore morts, leur dit l'empereur, après tout ce que vous avez souffert? Eh bien! je vais vous faire conduire aux bains; puis on vous ramènera en mon palais, et là, je vous acquitte et vous comble d'honneurs, si vous voulez sacrifier aux dieux.

— Laissez-nous, répondent les martyrs, laissez-nous aller jusqu'au bout dans la voie que le Christ, le Fils du Dieu vivant, notre Sauveur, nous a ouverte.

— Vous voulez la mort, s'écria Maximien, eh bien! vous l'aurez. » Et s'adressant aux exécuteurs : « Puisque j'ai juré, dit-il, de les faire périr comme leur maître crucifié à Jérusalem, entraînez-les hors de la ville et mettez-les en croix. »

Les martyrs furent ravis de mourir de la mort même du Sauveur.

On les conduisit donc, la bouche bâillonnée avec des cordes, au Tétradion, lieu situé hors de la ville, où se faisaient les exécutions. Ils y furent suivis d'une grande foule à laquelle étaient mêlés leurs parents, leurs amis, leurs esclaves, qui faisaient retentir les airs de leurs cris déchirants.

Alors quelques personnages des plus distingués de la ville, entre autres Tibérien, Gallus, Longinien, Félicien, Proclus, Mascolien et Priscus, allèrent trouver l'empereur et lui dirent :

« Prince, une foule immense a suivi les condamnés et remplit toute la campagne, depuis le Tétradion jusqu'aux portes de la ville. Et en effet, qui pourrait n'être pas ému jusqu'aux larmes, en voyant périr de la main du bourreau nos citoyens les plus illustres ?

— Ils l'ont voulu, répondit Maximien; il m'a été impossible de vaincre leur obstination. »

Alors on supplia l'empereur de différer au moins leur supplice, et de leur accorder quelque temps pour régler leurs affaires domestiques et rendre compte de leur administration civile. L'empereur y consentit. Aussitôt les magistrats accourent vers les saints martyrs, les arrachent des mains des soldats et les conduisent sous le vestibule du cirque. Leur premier soin fut de les débarrasser des cordes qu'ils avaient dans la bouche; après cela, se jetant à leur cou, ils leur dirent : « Les affaires publiques n'ont été qu'un prétexte; ce que nous voulons vous demander, c'est d'intercéder pour nous et pour la ville auprès du Dieu pour lequel vous mourez. » Quand les martyrs furent arrivés sur la place publique, les magistrats firent approcher leurs parents, et les engagèrent à prier les martyrs, quand leurs affaires domestiques seraient réglées, de bénir la ville.

Une foule immense était présente : les martyrs ayant fait faire silence, parlèrent ainsi : « Puisque le Sauveur a dit qu'il écouterait les prières de ses serviteurs, nous oserons, tout indignes que nous sommes, lui adresser les nôtres. C'est pour son amour que, malgré des souffrances de tout genre et l'attente continuelle de la mort, nous n'avons pas voulu adorer les faux dieux : nous le prierons donc de faire fleurir dans cette cité la religion chrétienne sur les ruines de l'idolâtrie; de remplacer les temples païens par les églises du Christ, les prêtres des faux dieux par les ministres du Dieu vivant, les sacrifices impurs par le chant des saints cantiques, la corruption des mœurs païennes par la pureté et la sainteté du christianisme. » Tout le peuple répondit : Amen ! et Hipparque et Philothée ajoutèrent : « Concitoyens, nous vous conjurons instamment d'affranchir (1) tous les esclaves ; car les saintes lettres enseignent qu'il n'y a d'esclaves que ceux qui le sont du péché. » Le peuple, en les entendant ainsi parler, fondait en larmes. Or le prêtre qui les avait baptisés était présent, déguisé sous un habit pauvre, et c'est lui qui a écrit leurs actes, ainsi que le précepteur de Gallus, que les magistrats en chargèrent.

La vive émotion qui agitait la foule ressemblait à une émeute, et les magistrats commencèrent à craindre de s'être compromis auprès de l'empereur, en permettant à des condamnés de haranguer le peuple. L'empereur, en effet, ne tarda pas à l'apprendre ; les cris tumultueux de la multitude retentissaient jusqu'à son palais. Il fit venir les magistrats et leur adressa de sévères reproches : ceux-ci s'excusèrent en disant qu'ils avaient été contraints de le permettre, pour empêcher un plus grand tumulte.

Alors Maximien sortit avec un nombreux cortége, alla dans un temple situé à l'orient de la ville pour y adorer les dieux, puis monta sur son tribunal, et fit comparaître devant lui les martyrs. Pour les épouvanter par l'appareil des supplices, il ordonna de dresser sept croix sur le chemin et de placer sous leurs yeux une chaudière d'huile bouillante, des pierres, des

---

(1) C'est le christianisme qui, par ses dogmes de l'égalité et de la fraternité des hommes, et par ses préceptes de charité, a fait disparaître graduellement du monde antique la plaie hideuse de l'esclavage.

poignards et des épées nues. Puis, s'adressant à Hipparque :

« Vieillard, lui dit-il, n'auras-tu pas honte de subir le supplice infamant de la croix. »

Hipparque était chauve; portant la main à son front :

« De même, dit-il à l'empereur, que, selon l'ordre de la nature, ce front ne peut plus se couronner de cheveux, de même ma résolution ne peut changer. »

Alors Maximien imagina une plaisanterie atroce : il fit mettre en croix les sept martyrs, en faisant attacher sur la tête d'Hipparque, avec des clous, une peau de chèvre, et il lui dit, en lui insultant avec une cruauté stupide : « Eh bien, tu as des cheveux maintenant; tu disais que c'était impossible; sacrifie donc, tu l'as promis. » On vit Hipparque faire un léger mouvement des lèvres, comme s'il eût voulu répondre au tyran; mais il expira au même instant. L'empereur alors s'adressa à Philothée et à ses compagnons.

« Vous allez sacrifier, j'espère; vous ne voulez pas perdre la vie comme cet insensé vieillard?

— Non, non, s'écrièrent les saints martyrs; nous prions Dieu, au contraire, de nous appeler à sa suite, de nous accorder comme à lui la couronne. »

L'empereur : « Vous ne ressentez pas l'ignominie de ce supplice de la croix. »

Les martyrs : « Cette ignominie est pour vous seul. »

Alors Maximien, comprenant que tous ses efforts étaient inutiles, les laissa en croix, et rentra dans la ville. Les païens insultaient les saints martyrs : « Si votre Christ est Dieu, leur disait-il, il aurait dû vous éviter ce malheur. » Vers le midi, des femmes chrétiennes se rendirent au lieu de l'exécution, et obtinrent des gardes, à prix d'argent, qu'il leur fût permis de recueillir avec des éponges ou des linges le sang qui coulait de leurs membres déchirés. Ils restèrent sur la croix jusqu'au lendemain. Jacques, Romain et Lollien y expirèrent, poignardés par les soldats : on détacha Philothée,

Habibe et Paragrus, et le tyran leur fit enfoncer des clous dans la tête, ce qui fut fait avec tant de barbarie, que leur cervelle rejaillit jusque sur leur visage.

Les bourreaux allèrent demander à l'empereur ce qu'il fallait faire des corps : il ordonna de les traîner, une corde aux pieds, et de les jeter dans l'Euphrate, toutefois après le coucher du soleil, et quand les portes de la ville seraient fermées. Or il y avait un homme opulent nommé Bassus, qui était chrétien au fond de l'âme, mais qui se cachait par peur, comme autrefois ce Joseph d'Arimathie, qui donna la sépulture au Sauveur; cet homme gagna les gardes par une somme de sept cents deniers, et fit enterrer la nuit les saintes reliques dans une de ses maisons de campagne.

MARTYRE

DE SAINTE AGNÈS, A ROME

(Sous Dioclétien, vers l'an 304.)

La vierge Agnès souffrit le 21 janvier, non dans quelque lieu inconnu, sur un théâtre obscur, mais à Rome, dans la capitale de l'empire ; aussi son glorieux martyre et son courage héroïque ne peuvent rester ensevelis dans l'oubli : trop de témoins en ont transmis la mémoire.

Le nom d'*Agnès* convenait bien à cette chaste vierge : *Agnès* en grec signifie *pure*, et ce fut sans doute par une disposition de la Providence que ses parents lui donnèrent ce nom, qu'elle mérita si bien par l'intégrité et la pureté de ses mœurs. Belle, et vertueuse autant que belle, les dames romaines l'entouraient en foule pour respirer le parfum de ses vertus, admirant celles-ci la force, celles-là la douceur de sa parole, les autres s'animant par son exemple à la piété.

Ce concours des dames romaines auprès d'Agnès la signala à la fureur des persécuteurs, et quelques-unes de ces dames, qui sans doute n'étaient pas chrétiennes, osèrent l'exhorter à renier sa foi, ou au moins à se soustraire au péril par la fuite. La servante de Dieu ne voulut ni apostasier ni se cacher, et malgré la fureur toujours croissante de la persécution, avec la liberté et le courage d'une chrétienne, elle prêchait aux femmes qui venaient auprès d'elle la parole de Dieu, la pénitence et la foi du Christ.

Agnès fut enfin dénoncée au préfet de Rome, qui aussitôt donna l'ordre de l'arrêter. Ce préfet était un homme immonde et souillé de tous les crimes. Il demanda que la vierge parût sans voile devant lui, et il ne voulut pas qu'on la battît de verges, non par un sentiment d'humanité, mais pour que l'aspect des plaies ne lui fît rien perdre de sa beauté ; enfin il lui donna à choisir entre sacrifier aux idoles et être livrée aux insultes d'une vile populace. La vierge répondit qu'elle ne sacrifierait pas aux idoles, et qu'elle espérait que Dieu veillerait sur sa vertu.

Alors le juge impie livra la chaste vierge à d'infâmes libertins qui se faisaient une joie d'insulter à son honneur. Ils la donnèrent d'abord en spectacle à toute la multitude, s'efforçant d'exciter contre elle les plus violentes passions. Pendant cette cruelle épreuve, la vierge, les yeux fixés vers le ciel, appelait le Christ au secours de sa vertu, et s'affermissait intérieurement contre les dangers auxquels elle était exposée.

Arrivée au lieu où ces misérables la conduisaient, il se fit soudain dans leurs sentiments une révolution étrange. Ils se sentirent tout à coup saisis d'un respect profond pour celle que jusqu'alors ils avaient poursuivie de leurs menaces et accablée de leurs outrages. Ils se racontaient l'un à l'autre ce changement avec une sorte de stupéfaction, et ceux qui refusaient d'y croire, ne tardaient pas à s'assurer par eux-mêmes de cette merveille, lorsqu'ils tentèrent d'entrer dans la maison où était la vierge.

Cependant un malheureux plus corrompu et plus hardi que les autres, se moquait de leur crainte et de la vénération qu'ils avaient pour Agnès, les appelant des enfants, des niais, des menteurs. Il prétendit qu'il ne se laisserait pas fléchir comme eux, et il entra hardiment, annonçant à l'avance qu'il aurait assez de force pour exécuter les ordres du tyran. Mais à peine a-t-il fait un pas, que soudain il tombe mort, et vomit son âme immonde. Ses compagnons l'attendaient à la porte, impatients de voir s'il serait parvenu à remplir sa promesse. Après une longue attente, ne le voyant pas revenir, l'un d'eux entre près d'Agnès, non pour outrager la vierge, mais pour savoir ce qui était arrivé d'extraordinaire à son compagnon. A la vue de ce misérable soudainement frappé et étendu mort, il fut saisi d'horreur, et sortit en poussant des cris de douleur et d'effroi. « Oui, disait-il, elle est puissante, elle est vraie la foi des chrétiens; Dieu évidemment protége cette vierge. » Les autres accourent à ses cris, et restent d'abord stupéfaits et consternés, puis ils versent des larmes sur leur malheureux compagnon : le bruit s'en répandit en un instant dans toute la ville; les uns étaient saisis d'admiration, les autres d'épouvante.

Le préfet parut d'abord étonné lui-même; mais bientôt il douta de la réalité du fait, et se rendit en personne auprès de la vierge. Le libertin était étendu mort à ses pieds :

« Qu'as-tu fait? lui demanda-t-il; comment as-tu tué ce jeune homme? je veux le savoir. »

Elle répondit :

« Aussitôt que vous m'avez envoyée ici, moi, qui suis une vierge consacrée à Dieu, un jeune homme d'une beauté céleste, vêtu d'une robe blanche, est venu s'asseoir à mes côtés, et son visage menaçant a épouvanté tous ceux qui entraient pour m'outrager, et leur a inspiré des sentiments tout contraires; mais celui-ci, qui était plus brutal et plus furieux, avant même d'avoir dit un mot, avant d'avoir fait un seul pas vers moi, a été soudainement frappé de mort.

— Où est-il, cet audacieux jeune homme? s'écria le juge; quel est son nom?

— C'était un ange, répondit Agnès, que Dieu m'avait envoyé pour me défendre; mais je n'ai pas osé lui demander son nom.

— Je te croirai, lui dit le juge, si tu peux rappeler des morts ce malheureux, que ton Dieu, dis-tu, a frappé pour sauver ta vertu; puisque tu avoues toi-même, qu'il n'a pas porté la main sur toi, ni prononcé un seul mot d'outrage.

— Voilà l'ange, s'écria Agnès, voilà l'ange qui m'a gardé; mais peut-être ne le voyez-vous pas, vous, aveuglé comme vous l'êtes : eh bien, oui, servante du vrai Dieu, je ne craindrai pas de lui demander qu'il rende la vie à ce misérable. »

Aussitôt elle se mit en prières; mais à peine avait-elle joint les mains, à peine avait-elle tourné vers Dieu son âme si pure, qu'on vit tout à coup le jeune homme, qui était étendu mort, s'éveiller comme d'un profond sommeil, étendre les bras, respirer, et se lever.

Ce miracle frappa d'étonnement et d'effroi le préfet et tous les spectateurs; cependant il ne toucha pas ces cœurs endurcis, et ne dessilla pas les yeux de ces aveugles : ils attribuèrent à la vertu de la magie ce prodige de la puissance divine; et la foule demanda à grands cris que la vierge fût mise à mort. Le préfet la condamna aux flammes. Elle souffrit ce supplice en rendant à Dieu les plus vives actions de grâces, de ce que, non-seulement il l'avait sauvée du déshonneur, mais encore l'avait jugée digne de lui être immolée comme une hostie pure; et, confessant Jésus-Christ jusqu'à son dernier soupir, elle cueillit la palme du martyre.

La vierge Agnès fut très-célèbre dans l'Église. «Tous les peuples, dit saint Jérôme, ont loué de concert la jeune vierge qui sut triompher de la faiblesse de son âge, comme de la cruauté des tyrans, et qui couronna la gloire de la chasteté par celle du martyre. » Saint Ambroise, dans son livre *des Vierges*, en a fait un éloge magnifique. Prudence a composé un hymne en son honneur; on y lit ces paroles : « O vierge heureuse! ô gloire immortelle! noble habitante des cieux! incline vers nos demeures souillées cette tête ornée de deux diadèmes, qui, par un don de Dieu, a pu rendre chaste le repaire abominable où elle est apparue! La lumière qui t'environne nous fera sentir sa bienfaisante pureté, si tu daignes en même temps toucher nos cœurs. » (*De Coronis* XIV.)

« Le corps de sainte Agnès fut transporté par ses parents dans un domaine qu'ils possédaient près de la voie Numentane. Le caveau où il reposait ne fut pas longtemps solitaire : les tombes les plus distinguées s'empressèrent de se réfugier autour du puissant cercueil de cette enfant.

Constance, fille de Constantin, s'était fait enterrer près d'elle, et peu de temps après deux autres filles du même empereur, Hélène, femme de Julien, et Constantine, femme de Gallus, décédées, l'une à Vienne, dans les Gaules, l'autre au fond de la Bithynie, vinrent de l'Occident et de l'Orient rejoindre leur sœur, endormie à l'ombre de la jeune sainte. Constantine avait fait élever, quelque temps avant, sur la grotte d'Agnès, une église qui conserve encore son architecture primitive, et semble, avec ses formes pleines de pureté, n'être que l'épanouissement de la tombe virginale exhaussée et agrandie. » (*Esquisse de Rome chrétienne.*)

Tous les ans, le jour de la fête de sainte Agnès, dans l'église qui lui est consacrée, l'abbé de Saint-Pierre-aux-Liens bénit à la grand'messe deux agneaux, et c'est avec la laine de ces agneaux qu'on fait les *pallium* que le pape envoie, après les avoir bénits, aux archevêques et évêques qui occupent des siéges privilégiés. Ces *pallium* sont un symbole de douceur et de pureté.

LES SAINTS MARTYRS DE PALESTINE

Eusèbe, au livre VIII de son *Histoire ecclésiastique*, a donné une description de la persécution de Dioclétien. Il a composé aussi un livre spécial *sur les Martyrs de Palestine*. Comme contemporain et comme témoin oculaire, son témoignage est de la plus haute autorité. En comparant cet écrit d'Eusèbe avec les Actes que nous allons donner ici, on voit qu'ils sont du même auteur. Assémani ne doute pas qu'Eusèbe lui-même n'ait écrit ces Actes en syriaque, qui était, comme on le voit dans les Actes de saint Procope, la langue vulgaire.

MARTYRE

DE SAINT PROCOPE

(Sous Dioclétien, l'an 303.)

Saint Procope fut, en Palestine, le premier martyr de la persécution de Dioclétien. Avant d'avoir donné son sang pour Jésus-Christ, Procope édifiait déjà l'Église par sa vie sainte. Dès sa jeunesse, pour conserver la fleur de sa chasteté, il affligeait sa chair par des macérations si rigoureuses, qu'il avait presque l'aspect d'un mort; la lecture des saintes lettres était son occupation la plus chère, et il y puisait une force d'âme qui réagissait jusque sur son corps exténué par la pénitence. Il ne vivait que de pain et d'eau, et restait deux ou trois jours, et quelquefois même une semaine, sans manger. Il lisait jour et nuit la sainte Écriture. Et comme à la pureté des mœurs et à la perfection des vertus, il joignait une douceur singulière et une profonde humilité, de même aux trésors de la science sacrée il réunissait les richesses de l'érudition profane.

Procope était né à Jérusalem, mais il habitait à Besan, et il remplissait trois fonctions dans l'Église : celle de lecteur, celle d'interprète de la langue grecque (1), celle d'exorciste.

Amené avec ses disciples de Besan en notre ville de Césarée, immédiatement, et sans même le mettre en prison, on le traîna au tribunal d'un juge impie, nommé Paulin, qui lui commanda de sacrifier aux idoles. Procope répondit d'une voix ferme « qu'il n'y avait qu'un seul Dieu, créateur et conservateur des choses. » Le juge, irrité de cette réponse courageuse, et comprenant la fermeté de sa foi, lui commanda de sacrifier aux quatre empereurs (2) qui gouvernaient alors le monde. Alors le saint martyr, souriant avec dédain, lui cita ce vers d'Homère : « Il ne vaut rien d'avoir plusieurs maîtres; n'ayez qu'un seigneur et qu'un roi. » Le juge, prenant cette réponse pour un outrage aux empereurs, le condamna à mort, et lui ouvrit ainsi l'entrée du ciel. Procope fut le premier martyr qui souffrit à Césarée.

---

(1) Les lectures publiques de l'Écriture sainte se faisaient en grec, mais on l'interprétait au peuple en langue syriaque.

(2) Dioclétien, Galère, Hercule et Constance-Chlore.

MARTYRE

DES SAINTS ALPHÉE, ZACHÉE ET ROMAIN

(Sous Dioclétien, l'an 303.)

Aux approches de l'anniversaire de la vingtième année du règne de l'empereur, le proconsul de notre province, appliquant d'avance les indulgences qui accompagnent ordinairement ces fêtes, relâcha tous les criminels qui se trouvaient dans les prisons, et, au contraire, il fit souffrir les plus affreux supplices aux saints martyrs de Dieu, plus coupables à ses yeux que les homicides et que les profanateurs des tombeaux.

Alors Zachée, diacre de l'Église de Gadare, innocente brebis du troupeau de Jésus-Christ, fut chargé de chaînes. On lui avait donné ce nom de Zachée parce qu'il rappelait, par la petitesse de sa taille et par sa foi, le Zachée de l'Évangile. Cité devant le tribunal du juge, il confessa courageusement Jésus-Christ, et ne répondit que par les paroles de la sainte Écriture. Le juge le fit battre de verges et déchirer cruellement avec des ongles de fer; puis on le reconduisit en prison, et on lui mit aux pieds des entraves qui les lui tenaient jour et nuit démesurément écartés; le saint martyr, dans ces souffrances, était au comble de la joie.

Alphée, à qui on peut appliquer cette parole de l'Écriture, *Homme de désir*, souffrit le même supplice. Issu d'une des premières familles d'Eleuthéropolis, il exerçait dans l'Église de Césarée l'office de lecteur et d'exorciste; il annonçait aussi, et avec beaucoup de zèle et de force, la parole de Dieu, et ce fut là principalement ce qui lui valut le bonheur du martyre. Car, comme la rigueur des édits effrayait les chrétiens et en faisait tomber un grand nombre, Alphée, pénétré de douleur, voulut à tout prix arrêter le torrent de l'apostasie. Il allait donc, réveillant par ses paroles entraînantes et par le souvenir de la passion du Sauveur qu'il rappelait éloquemment, le courage des apostats. Arrêté par des soldats dans ces exercices du zèle, il fut traîné au tribunal. Nous ne pourrions redire ici les paroles courageuses qu'il prononça devant le juge; celui-ci, transporté de fureur, le fit jeter dans un noir cachot. On l'en tira cependant au bout de quelques jours pour le faire de nouveau comparaître devant le tribunal, et, comme Zachée, on le battit cruellement de verges, on lui déchira les côtes avec des ongles de fer, puis on le mit dans la même prison, aussi avec des entraves aux pieds.

Ils comparurent une troisième fois tous deux ensemble devant le juge, qui les pressa de sacrifier aux empereurs; ils lui dirent : « Nous ne reconnaissons qu'un seul Dieu, souverain de tous les hommes, et c'est à lui seul que nous sacrifions. » Après cette réponse ils furent décapités, et s'en allèrent ensemble grossir le nombre des glorieux martyrs, et recevoir leur couronne des mains de ce Dieu qu'ils avaient servi avec tant d'amour, et confessé avec tant de courage.

Le même jour, Romain souffrit à Antioche pour le nom de Jésus-Christ. Il était né en Palestine, et remplissait les fonctions d'exorciste et de diacre dans un village voisin de Césarée. Comme le martyr Alphée, il s'efforçait de ramener à la foi ceux que la crainte des supplices avait fait tomber dans l'idolâtrie, et leur rappelait avec force le souvenir du redoutable jugement de Dieu. Il osa se présenter de lui-même au juge au moment où une foule de chrétiens timides, tremblant devant les menaces du tyran et l'aspect des supplices, allaient succomber. « Malheureux, s'écria-t-il, où vous laissez-vous mener? Ne voyez-vous pas que c'est dans l'enfer? Levez plutôt les yeux au ciel, bien au-dessus des choses fragiles de ce siècle, et regardez votre Sauveur et votre Dieu. N'allez pas abandonner sa foi pour le culte des idoles ! Songez au redoutable jugement. »

Le visage calme et assuré du confesseur ajoutait encore à la force de ses paroles : aussi beaucoup d'apostats revenaient à Jésus-Christ. Le juge le fit prendre par ses soldats, et se hâta de le mettre à mort, afin de gagner les bonnes grâces de l'empereur Dioclétien, qui se trouvait alors à Antioche.

On le traîna donc par la ville au lieu du supplice, et déjà on préparait un bûcher. Dioclétien trouva que c'était trop peu pour un chrétien si audacieux, et il ordonna de lui couper la langue. On le fit ; mais le saint martyr, après ce supplice, parlait encore avec plus de force, comme si le Christ lui-même, présent à ses côtés, eût parlé par sa bouche ; il jetait autour de lui des regards où rayonnaient la joie et l'espérance, et exhortait tous les chrétiens à aimer Dieu jusqu'à la mort. Et comme il ne cessait de rendre grâce à l'auteur du prodige et à glorifier Jésus-Christ, il fut reconduit en prison, où, après avoir subi le supplice du carcan, il fut enfin étranglé le jour même du martyre de Zachée.

Comme Romain était né en Palestine, bien qu'il ait souffert à Antioche, nous l'avons compté au nombre de nos martyrs.

MARTYRE

DE SAINT TIMOTHÉE, A GAZA

(Sous Dioclétien, l'an 304.)

La seconde année de la persécution, Urbain succéda à Flavien dans le gouvernement de la Palestine. Les édits devinrent alors plus sanglants; jusque-là, on ne contraignait que les ministres de l'Église à sacrifier; mais les nouveaux édits étaient universels, et s'appliquaient à tous les chrétiens indistinctement.

Timothée, dont la vie avait toujours été pure et irréprochable, fut donc traduit comme un homicide et un scélérat devant Urbain, préfet de la ville de Gaza, non qu'on l'eût convaincu d'aucun crime, mais uniquement parce qu'il avait refusé d'adorer des dieux faits de bois. Avant même que d'être livré au juge, malgré l'innocence de ses mœurs et la sainteté de sa vie, il avait eu à supporter des habitants de Gaza, fortement attachés à l'idolâtrie, toutes sortes d'outrages. Il était donc préparé déjà à l'épreuve nouvelle qu'il allait subir.

Le juge le fit battre de verges par tout le corps et déchirer profondément avec des ongles de fer. Timothée soutint ce combat avec tout le courage d'un vaillant soldat de Jésus-Christ; enfin le juge, pour prolonger ses souffrances avec sa vie, ordonna de le faire brûler à petit feu : le martyr fut donc éprouvé par la flamme, comme un or pur; mais Dieu, qu'il avait tant aimé, et pour qui il avait donné sa vie, le paya surabondamment de toutes ses souffrances dans la bienheureuse éternité.

Le même jour et dans la même ville, Thécla et Agapius furent condamnés aux bêtes.

MARTYRE

DE SAINT APPIEN, A CÉSARÉE

(Sous Maximin, l'an 306.)

A peine monté sur le trône, le farouche Maximin, comme s'il eût voulu déclarer la guerre à Dieu lui-même, rendit des édits plus sanglants qu'aucun de ses prédécesseurs, et telle fut la rigueur de la persécution, qu'un grand nombre de chrétiens, pour se dérober aux supplices, fuyaient et se cachaient dans les déserts.

Tandis que tout tremblait devant le tyran farouche, un jeune homme distingué par sa naissance (qui pourra dire quelle dut être l'ardeur de son amour?), un jeune homme à peine âgé de vingt ans, renonçant à tous les biens du siècle et à tous les charmes de la vie, alla se livrer comme une proie aux persécuteurs.

Né en Lycie, d'une famille puissante et riche, Appien avait été envoyé à Béryte pour y faire ses études; il y fit en peu de temps des progrès incroyables dans les sciences profanes. Mais à quoi bon lui donner cet éloge? La gloire de son martyre va tout éclipser. Toutefois disons à sa louange qu'il traversa le temps difficile de la jeunesse, cet âge de l'inexpérience et des erreurs, sans porter la moindre atteinte à la pureté de son âme, et que dans une ville corrompue, au milieu d'une jeunesse immonde, il évita jusqu'à l'apparence du mal; à la maturité de son jugement et à la gravité de ses mœurs, on eût dit un vieillard. Ainsi jeta-t-il dans son âme les fondements d'une vertu solide et à l'épreuve de toutes les attaques.

Après avoir achevé le cours de ses études, il revint dans son pays natal. Il trouva dans sa famille des mœurs bien différentes des siennes, et résolut de la quitter. Il s'enfuit donc de la maison paternelle secrètement et sans ressources, mettant en Dieu sa confiance, et il arriva ainsi à Césarée, Dieu le conduisant, pour ainsi dire, par la main; c'est là que l'attendait la glorieuse couronne du martyre. Nous eûmes le bonheur de vivre avec lui, et d'être témoins de ses constants efforts pour s'avancer de plus en plus dans la divine sagesse, et pour imiter les vertus du saint martyr Pamphile, son maître. C'est ainsi qu'il se préparait à ce martyre héroïque qui frappa de stupeur tous ceux qui en furent témoins, et dont on ne pourra entendre le récit sans admirer la constance sublime de ce jeune homme, sa sagesse étonnante dans ses réponses au juge, et par-dessus tout l'ardeur de sa foi et la force de son amour.

La persécution sévissait déjà depuis trois ans, quand arrivèrent à Césarée des lettres de l'impie Maximin, enjoignant aux magistrats d'amener tous les habitants aux autels des dieux pour sacrifier. Aussitôt les crieurs publics proclamèrent par toute la ville les ordres de l'empereur; des chiliarques et des centurions allèrent par les rues et par les maisons, ordonnant à chacun nommément de se présenter aux temples. L'effroi fut universel parmi les chrétiens. Alors Appien, glorieux martyr de la vérité, sans communiquer ses desseins à personne, pas même à nous qui habitions sous le même toit, s'en va trouver le préfet Urbain, au milieu même d'un sacrifice. Il traverse courageusement les rangs des soldats qui formaient sa garde, pénètre jusqu'à lui, et, le prenant par la main, l'entraîne et lui fait interrompre son honteux sacrifice. Alors, avec le calme et la dignité qui convenaient à un vengeur de la gloire divine, il lui parle de l'absurdité de ses croyances, et lui démontre combien il est indigne d'un homme raisonnable de refuser son culte au Dieu unique et véritable, et de sacrifier à de vaines idoles, à des démons.

Telle fut l'action courageuse que la grâce puissante de Jésus-Christ notre Sauveur inspira à Appien, afin de confondre l'impiété d'un persécuteur par l'héroïsme d'un jeune homme, et de faire connaître au monde entier que les disciples de Jésus, loin de craindre les supplices et la mort même, ont le cœur assez haut et l'âme assez grande pour oser, à la face même des tyrans, confondre l'erreur, et proclamer la divinité de Jésus-Christ, sauveur des hommes.

Les ministres du démon qui entouraient le préfet, transportés d'une fureur extrême, se jettent sur le saint martyr, frappent au visage le saint jeune homme, le renversent et le foulent indignement aux pieds. Après cela, ils le font conduire en prison, où on lui tint les pieds douloureusement écartés dans des entraves; le lendemain il fut cité devant le juge, et on essaya sur lui neuf tourments terribles.

Et d'abord, le tyran ordonna de lui déchirer les côtes jusqu'à lui découvrir les os et les entrailles; puis il le fit frapper de verges à la tête et sur le visage, d'une façon si cruelle, que ses amis mêmes auraient eu de la peine à le reconnaître.

Appien, soutenu par la grâce divine, supportait ces tortures avec tant de courage, qu'on eût dit qu'il avait un cœur d'airain; il triompha également des autres supplices qu'inventa la rage du tyran; au milieu des tourments, il n'avait que ces deux mots à la bouche : « Je suis chrétien! » A toutes les questions qu'on lui faisait, il ne répondait que ces deux mots : « Je suis chrétien! » Le juge en frémissait de rage; à la fin il ordonna aux bourreaux de lui envelopper les pieds d'un linge trempé d'huile, et d'y mettre le feu. Les bourreaux le saisissent et le relèvent : quel spectacle! Sa poitrine, déchirée par les ongles de fer, et ses côtes par les fouets garnis de plomb, laissaient voir l'intérieur de son corps. Cependant ses pieds brûlaient et fondaient comme de la cire; enfin, les chairs étant consumées, la flamme pénétra jusqu'aux os et le dévora comme une paille sèche. Ce supplice affreux ne put triompher du martyr : Dieu, qui habitait dans son cœur, soutenait son courage, et il ne cessait de glorifier Dieu et de rendre témoignage au Christ; le Christ aussi rendait témoignage au martyr en lui inspirant cette constance héroïque et cette force invincible qui remplissaient d'admiration les témoins de son glorieux combat.

Les bourreaux, se voyant vaincus par cette héroïque constance, grinçaient des dents et frémissaient; ils lui demandaient son nom, sa patrie, son emploi; ils le pressaient de sacrifier aux idoles. Le martyr ne daignait pas leur répondre; il les regardait d'un œil calme et dédaigneux, qui semblait leur dire : « Vous êtes vaincus ! » et il ne répétait que ces deux mots : « J'adore le Christ, seul Dieu avec son Père! » Enfin, fatigués et vaincus, les bourreaux reconduisirent à la prison le soldat de Jésus-Christ.

Le lendemain il comparut de nouveau devant le juge, et comme il persistait à confesser Jésus-Christ, il fut jeté à la mer.

L'événement miraculeux qui suivit immédiatement la mort du saint martyr paraîtra incroyable à ceux qui ne veulent croire que ce qu'ils voient de leurs yeux; cependant puisque la ville de Césarée tout entière en a été témoin, et l'atteste, je le raconterai avec confiance à la postérité. A peine le corps du jeune martyr eut-il été jeté à la mer, que tout à coup un bruit terrible se fit entendre, un mouvement tumultueux souleva les eaux, une secousse violente ébranla la terre, et tous les habitants, consternés, levèrent les mains au ciel, croyant que leur ville allait les engloutir sous ses ruines. Et voilà qu'au milieu de cette confusion des trois éléments, on vit les flots soutenir le corps du martyr, et, comme s'il leur eût été impossible de le garder, le déposer doucement aux portes de la cité. A la nouvelle de cet événement, les hommes, les femmes, les enfants, les vieillards, accourent en foule pour être témoins du prodige, et tous rendaient gloire au Dieu des chrétiens, et confessaient le nom de Jésus-Christ. Telle fut la fin glorieuse de l'héroïque Appien, dont on célèbre la mémoire le second jour du mois d'avril.

MARTYRE

DE SAINT ÉDÉSIUS, FRÈRE DU SAINT MARTYR APPIEN

(L'an 306.)

Peu de temps après le martyre d'Appien, un de ses frères, nommé Édésius, souffrit aussi pour le nom de Jésus-Christ. Édésius avait précédé son frère dans l'étude et les austères pratiques de la philosophie chrétienne (1), et avait appris les lettres grecques et latines sous le même maître, le saint martyr Pamphile.

Après avoir confessé une première fois la foi chrétienne, il fut emprisonné, chargé de fers, et envoyé aux mines : rendu enfin à la liberté, il se retira à Alexandrie en Égypte. Là, témoin des cruautés du gouverneur Héraclius envers les martyrs, qu'il accablait de toutes sortes d'outrages, ne respectant ni le rang ni l'âge, livrant les vierges aux débauchés, il imita l'exemple de son frère, et dans l'ardeur d'un saint zèle il osa se présenter au juge infâme, et lui reprocher en face ses indignités. Héraclius, transporté de colère, se jette sur le courageux chrétien, le frappe brutalement au visage, le renverse à terre, et lui donne des coups de pied. Mais ni ces violences, ni les coups de fouet dont l'accablent les bourreaux, ne peuvent lui fermer la bouche, et il ne cesse de crier :

---

(1) Les Pères de la primitive Église, saint Chrysostome surtout, comme ici Eusèbe, l'auteur de ces Actes, ne craignaient pas d'appeler de ce nom la croyance et la vie des chrétiens. Là, en effet, est la vraie sagesse et, par conséquent, la vraie philosophie.

« Vous n'avez pas le droit de traiter si indignement les serviteurs de Dieu! » Quand les bourreaux eurent épuisé sur lui toutes les tortures, le juge le condamna comme son frère à être jeté à la mer. Ainsi fut couronné de la palme du martyre ce glorieux athlète de Jésus-Christ.

Il y eut encore en Palestine un autre martyr nommé Agapius.

MARTYRE

DE SAINT AGAPIUS

(L'an 306.)

La quatrième année de la persécution, le 20 novembre, un vendredi, le tyran Maximin, voulant célébrer le jour de sa naissance par des jeux, fit préparer à Césarée un spectacle magnifique. Rien ne fut épargné pour le rendre digne de la présence d'un empereur, et pour surpasser tous les jeux célébrés auparavant. Or, quel fut le divertissement nouveau qu'on offrit au peuple? Un martyr qu'on jeta aux bêtes. C'était la coutume, quand l'empereur assistait à des jeux, de réciter devant lui les comédies les plus gaies, de donner des concerts nouveaux, de faire combattre des bêtes et des gladiateurs : mais l'impie Maximin ne crut pouvoir mieux rehausser l'éclat de sa fête qu'en repaissant ses yeux du sang innocent des chrétiens.

Il fit donc amener dans l'amphithéâtre un jeune martyr nommé Agapius. Nous en avons déjà parlé précédemment (1). C'était ce jeune homme si pur et si innocent, qui fut exposé aux bêtes avec la vierge Thècle. On lui fit faire solennellement tout le tour du cirque; il portait un écriteau où il n'y avait d'écrit que ce seul mot : *Chrétien.* Je dois remarquer qu'on avait également condamné aux bêtes un esclave qui avait tué son maître, et ce fut une ressemblance de plus entre le sup-

(1) Voyez plus haut, le martyre de saint Timothée.

plice du saint et la passion de Notre-Seigneur. En effet, Agapius et l'esclave furent tous deux condamnés à mort, l'esclave pour avoir tué son maître, Agapius pour avoir rendu témoignage à son Dieu. Or le farouche Maximin, qui l'emportait en cruauté sur le préfet Urbain lui-même, accorda sa grâce complète à l'homicide, et prit un plaisir inouï à voir déchirer par les tigres et par les ours l'innocent martyr de Jésus-Christ.

Après donc qu'Agapius eut fait le tour de l'amphithéâtre, au milieu des railleries de la foule, on lui offrit la liberté à condition qu'il renierait son Dieu. Le martyr, s'adressant à l'assemblée tout entière, s'écria : « Je vous prends à témoin, vous tous qui êtes spectateurs, que je suis ici, non pour aucun crime que j'aie commis, mais seulement parce que j'adore Jésus-Christ. Je voudrais de toutes les forces de mon âme, que vous tous qui m'entendez, que le monde entier reconnût et adorât le seul Dieu créateur du ciel et de la terre. Pour moi, c'est avec bonheur que je mourrai pour lui. » Le tyran, furieux de ces paroles, commanda qu'on lâchât sur lui les bêtes ; le jeune martyr courut joyeux au-devant d'elles, et se jeta sous les dents d'un ours qui se précipitait pour le dévorer. Il fut déchiré d'une manière horrible ; mais, comme il respirait encore, on le reporta en prison, et le lendemain on lui attacha deux grosses pierres aux pieds, et on jeta son corps à la mer ; mais son âme s'envola au ciel, et alla se réunir à la troupe triomphante des martyrs. Tel fut le glorieux combat d'Agapius.

MARTYRE

DE SAINT PIERRE, AUSSI APPELÉ ABSELAMUS, A CÉSARÉE

(Sous Maximin, l'an 309.)

La septième année de la persécution, le 10 janvier, saint Pierre, nommé aussi Abselamus, souffrit à Césarée un glorieux martyre; il déploya au milieu des tourments tant de courage et d'héroïsme, qu'il ravit d'admiration tous les spectateurs et le juge lui-même. Ses parents, ses amis, ceux mêmes qui ne le connaissaient pas, s'intéressaient à lui comme à eux-mêmes, et le conjuraient d'avoir pitié de sa jeunesse, et de ne pas renoncer à l'existence. Il y en avait, au contraire, qui cherchaient à affermir sa foi, tandis que les autres, au nom de sa jeunesse, de sa santé florissante, de sa beauté, le pressaient de se dérober aux tourments. Ainsi il s'engageait, de part et d'autre, une lutte terrible. Les uns, pour fortifier le martyr, lui mettaient devant les yeux l'image des feux éternels; les autres, pour lui faire renier son Dieu, lui montraient le bûcher prêt à s'allumer; ceux-ci cherchaient à l'épouvanter par l'aspect des supplices d'un juge barbare; ceux-là lui parlaient du Juge suprême, du juste juge, qui juge les juges eux-mêmes. D'un côté on faisait passer sous ses yeux toutes les voluptés du siècle, fragiles et éphémères, de l'autre on lui disait de regarder le ciel, et de n'aspirer qu'à ce séjour. Ainsi, les enfants de Dieu cherchaient à le gagner, pour lui faire partager leur héritage, et les partisans du démon, à le séduire, pour lui faire partager leurs supplices.

Le jeune martyr, dont l'âge et la beauté excitaient un intérêt si tendre, regardant avec l'œil de la foi toutes les choses de ce monde, et les comparant avec son âme, demeura ferme et inébranlable, et confessa généreusement Jésus-Christ en face du bûcher, sachant que l'or s'épure en fondant dans la fournaise. Après avoir consommé son martyre par les flammes, il alla partager la récompense des glorieux athlètes de Jésus-Christ. Il était né au village d'Anéa, près d'Eleuthéropolis.

MARTYRE

DE SAINTE THÉODOSIE, VIERGE CONSACRÉE A DIEU

(Sous Maximin, an 307.)

La persécution durait déjà depuis cinq ans avec une fureur inouïe. Une jeune vierge tyrienne à peine âgée de vingt-deux ans, mais d'un courage au-dessus de son âge et de son sexe, osa se rendre au tribunal pour voir les confesseurs que le préfet Urbain y avait fait amener chargés de chaînes. Elle s'approcha d'eux, et commença par les saluer respectueusement, puis, comme on allait les conduire devant le juge, elle les pria avec instance de se souvenir d'elle auprès de Dieu, quand ils auraient pris possession de la gloire céleste.

Pour ces pieux et touchants devoirs rendus aux saints, la vierge chrétienne, comme si elle eût violé les lois les plus sacrées, fut prise par les soldats et traînée devant le farouche préfet. Celui-ci lui ordonna de sacrifier aux idoles; la vierge répondit par un courageux refus. Alors cet homme atroce, outré de fureur, la condamna aux plus affreux supplices; il lui fit déchirer avec des ongles de fer les côtes et le sein, jusqu'à lui découvrir les os, et laisser apercevoir ses entrailles, Au milieu de ces tortures, la jeune martyre ne poussa pas un soupir; on la voyait, au contraire, sourire et lever ses yeux au ciel; le préfet la pressait d'abandonner la foi chrétienne : « Insensé! lui répondit-elle, tu ne vois pas que tu mets par tes cruautés le comble à mes désirs! Je bénis Dieu de toute mon âme, d'avoir daigné, dans sa bonté, m'associer à ses martyrs ; car si je n'avais eu part à leur supplice, je n'aurais pu partager leur gloire. » Elle ajoutait : « Regarde-moi, Urbain, vois quelle joie, quel bonheur, quelle ivresse me transporte à la pensée de la récompense éternelle qui m'attend, et quelles actions de grâces je rends au Seigneur, qui me donne de précéder dans la gloire ceux dont je demandais la protection pour le combat. » Le tyran crut que la vierge lui insultait, et sa fureur fut à son comble ; mais, comme les bourreaux avaient épuisé sur son corps délicat tous les tourments, il ne lui resta plus qu'à la faire jeter à la mer.

Ensuite il tourna sa rage contre ceux qui avaient été l'occasion de son martyre, et sans les appliquer préalablement à la question, il les condamna aux mines. Ainsi la vierge servit de rempart aux confesseurs ; elle avait, pour ainsi dire, épuisé par son héroïque constance la fureur du tyran, que la vengeance divine poursuivit d'une manière éclatante pendant le reste de sa misérable vie.

Ceci arriva à Césarée, un dimanche, 2 avril (1).

(1) On lit dans le *Martyrologe romain*, au 2 avril : « A Césarée, passion de sainte Théodosie, vierge tyrienne, qui, pour avoir salué les confesseurs en plein tribunal et s'être recommandée à leurs prières, fut prise par les soldats et amenée devant le préfet Urbain, qui lui fit déchirer les côtes et le sein jusqu'aux entrailles, et enfin la fit jeter à la mer. »

MARTYRE (1)

DE SAINTE THÉODOTE, LA COURTISANE

(Sous la persécution de Licinius, l'an 318.)

L'an 642 (2), au mois de septembre, un samedi, une persécution s'éleva à Philippe. Le préfet Agrippa, voulant célébrer la fête d'Apollon, et offrir un sacrifice solennel aux dieux, ordonna à tous les habitants d'y prendre part, et d'offrir des victimes. Une courtisane, nommée Théodote, refusa d'obtempérer à l'édit : des délateurs la dénoncèrent à Agrippa. Celui-ci la fait venir, et la somme de sacrifier à Apollon. Théodote lui répondit :

« C'est bien assez de mes dissolutions, je ne veux pas ajouter à mes péchés l'apostasie. »

Le préfet ordonna de la conduire en prison; mais sept cent cinquante personnes, témoins de son courageux refus, l'imitèrent, et résolurent de ne pas sacrifier.

« Une courtisane nous donne l'exemple, se dirent-elles, serions-nous assez lâches pour ne pas la suivre? »

Théodote fut donc jetée en prison, et pendant vingt et un

(1) Aucun historien, ecclésiastique aucun martyrologe ne parle de cette martyre, qu'il ne faut pas confondre avec les deux Théodote dont fait mention le *Martyrologe romain*, au 16 juillet et au 2 août.

(2) Cette date est obscure. Ce n'est pas l'an 642 de l'ère chrétienne; il n'y avait pas alors de persécution. Il est très-vraisemblable, quoique les Actes ne le disent pas, que c'est l'an 642 de l'ère d'Alexandre, qui s'ouvre à la mort de ce prince, et dont l'an 642 répond par conséquent à l'an 318 de l'ère chrétienne. Licinius persécutait alors l'Église.

jours on ne lui donna pas à manger; elle passa tout ce temps en prières. Quand on l'eut fait sortir pour la présenter au juge, on la vit verser des larmes, et faire cette prière : « O Christ, pardonnez-moi les crimes que j'ai commis; pauvre femme, fortifiez-moi par votre grâce; donnez-moi le courage de supporter les supplices affreux qui m'attendent. » Le juge lui demanda qui elle était; elle répondit :

« J'ai vécu comme une courtisane, mais je suis chrétienne, quoique bien indigne de ce saint nom. »

Le juge : « Pourquoi ne veux-tu pas sacrifier au grand Apollon? »

Théodote : « Il est déraisonnable de sacrifier à une idole de bois ou de pierre, ouvrage de la main des hommes. »

Le juge : « Est-ce que les empereurs, qui sacrifient aux dieux, ne sont pas plus sages que toi? »

Théodote : « Hélas! non, ni les empereurs, ni vous : vous ne méritez pas le nom de sages, puisque vous ne comprenez pas le nom de votre dieu. Au dire de vos sages, ce nom signifie destructeur (1), et ils ont raison; car ce dieu sera cause que vous perdrez vos âmes. »

Alors le cruel Agrippa la fit déchirer de coups. On lui criait :

« Obéissez, le plus léger signe de soumission va vous délivrer de vos tourments. »

Théodote répondait :

« Je n'abandonnerai pas le vrai Dieu; je n'adorerai pas une idole : je me souviens de cette parole : *Celui qui me reniera devant les hommes, je le renierai devant mon Père qui est dans les cieux.* »

Alors le juge dit :

« Qu'on l'étende sur le chevalet, et qu'on la déchire avec des ongles de fer. »

Au milieu de cet affreux tourment, Théodote s'écriait à haute voix :

---

(1) Apollon vient du grec ἀπολλύω, qui signifie *je détruis.*

« Je vous adore, ô Christ, je vous rends grâces de m'avoir rendue digne de souffrir pour votre saint nom. »

Agrippa lui dit :

« Tu n'as pas honte d'appeler Dieu un homme qui est mort, tu l'avoues toi-même, attaché à une croix. »

Théodote répondit :

« Oui, dans son amour pour le genre humain, il a voulu s'immoler pour nous sur la croix; il est mort parce qu'il l'a voulu; on ne l'a pas forcé à mourir. Mais vous, juge inique, vous ne méritez pas le nom de juge, vous manquez de bonne foi; car si vous nous croyez quand nous parlons de la mort du Christ et de son tombeau, pourquoi refusez-vous de nous croire quand nous parlons de sa résurrection glorieuse et de son ascension dans le ciel, où il est assis à la droite de son Père ? »

LE JUGE : « Tout cela est superflu, réponds à mes questions. »

THÉODOTE : « Je crois avoir répondu comme il fallait répondre. »

Alors Agrippa, se tournant vers les bourreaux, leur dit :

« Allons, déchirez-la avec des ongles de fer, puis vous mettrez du sel et du vinaigre dans les plaies. »

THÉODOTE : « Je me ris de vous et de vos tourments; si vous en avez de plus cruels encore, essayez-les; avec l'aide du Dieu tout-puissant, j'aurai la force d'en triompher. Mais sachez bien que plus vous me ferez souffrir, plus mon Dieu me donnera de récompenses. »

Alors Agrippa dit aux bourreaux : « Arrachez-lui toutes les dents. » Aussitôt les bourreaux s'arment de pinces, et lui arrachent toutes les dents de la bouche. Pendant ce supplice, Théodote disait : « Je vous adore, ô Christ, je vous bénis de m'avoir jugée digne de souffrir ces tourments pour la vie éternelle : j'en suis assurée maintenant, le royaume des cieux m'est ouvert, les tourments endurés pour votre amour en sont la route. »

Agrippa lui dit encore :

« Obéis, Théodote, aux édits des empereurs, si tu veux éviter la peine de mort portée contre ceux qui refusent de sacrifier aux dieux. »

Théodote : « Il vaut mieux obéir à Dieu qu'aux hommes. Au reste, je rougirais de ne pas témoigner à mon Dieu, le seul vrai Dieu, la même fidélité que vous et vos empereurs avez pour vos faux dieux. »

A la fin, Agrippa condamna Théodote à être lapidée. Aussitôt on l'entraîne hors de la ville, et on l'accable d'une grêle de pierres. Cependant elle faisait cette prière : « O Christ, vous avez reçu Rahab la pécheresse, et le larron pénitent : recevez-moi aussi dans votre miséricorde; car, ô mon Dieu, je vous aime! recevez mon esprit, je le remets entre vos mains. »

En disant ces paroles elle expira, et son âme s'envola au ciel. Gloire à Celui qui sauve ceux qui espèrent en lui, maintenant et dans les siècles des siècles. Ainsi soit-il.

FIN

TABLE

Introduction. . . . .

PREMIÈRE PERSÉCUTION DE SAPOR

Actes des saints martyrs Jonas, Brich-Jésus, Zébinas, Lazare, Maruthas, Narsès, Élias, Maharès, Habibus, Sabas et Scembétas..   21

DEUXIÈME PERSÉCUTION DE SAPOR

Actes des saints Sapor, évêque de Beth-Nictor; Isaac, évêque de Beth-Séleucie; Mahanès, Abraham et Siméon, qui souffrirent le martyre sous le roi des Perses Sapor. Leurs corps reposent à Édesse, dans la nouvelle église des Martyrs, dans l'intérieur de la ville. .   31

TROISIÈME PERSÉCUTION DE SAPOR

Martyre de saint Siméon, Bar-Saboë, évêque de Séleucie et de Ctésiphon, et de ses compagnons Abdhaiclas et Ananias, prêtres, et de cent autres chrétiens de divers ordres; ainsi que de l'eunuque Gusciatazades, qui avait élevé le roi; de Phusikius, grand chambellan, et de sa fille, vierge consacrée à Dieu.   35

Combat de plusieurs martyrs, et d'Azades, eunuque du roi.   58

Martyre de sainte Tharba et de sa sœur, vierges, et de leur servante.   61

Martyre de saint Mille, évêque de Suze; Abrosime, prêtre, et Sina, diacre.   65

Actes de saint Sciadust, évêque de Séleucie et de Ctésiphon, et de cent huit autres martyrs, ses compagnons.   74

Martyre de saint Barsabias, abbé, et de dix de ses compagnons et d'un mage.   78

Martyre de saint Narsès, évêque, et de saint Joseph, son disciple, de la ville de Sciaharcadata, province de Beth-Garmé, ainsi que de vingt autres martyrs   80

Actes de cent vingt martyrs, parmi lesquels neuf vierges consacrées à Dieu, les autres prêtres, diacres et clercs de différents ordres. 84

Martyre de saint Barbascemin, évêque de Séleucie et de Ctésiphon, et de seize autres. 88

Actes des martyrs qui furent mis à mort en divers lieux par les préfets, outre ceux qui furent condamnés au tribunal du roi. 94

Martyre de sainte Thècle, Marie, Marthe, Marie et Ama, filles de l'Alliance, c'est-à-dire vierges consacrées à Dieu. 97

Martyre de saint Barhadbesciabas, diacre. 102

Actes d'un grand nombre de captifs martyrs. 104

Actes de quarante martyrs : deux évêques, Abda et Ebedjesu; seize prêtres, Abdallaha, Siméon, Abraham, Aba, Ajabel, Joseph, Hani, Ebedjesu, Abdallaha, Jean, Ebedjesu, Maris, Barahadbesciabas, Rozichée, Abdallaha et Ebedjesu; neuf diacres, Élias, Ebedjesu, Hani, Marjabe, Maris, Abdias, Barahadbescias, Siméon et Maris; six moines, Papa, Evolèse, Ebedjesu, Phazide, Samuel et Ebedjesu; sept vierges, Marie, Tathe, Ema, Adranes, Mama, Marie et Marachie. 109

Martyre de saint Badème, abbé. 124

Actes des saints martyrs Acepsimas, évêque; Joseph, prêtre; Aithilahas, diacre. 127

Conclusion. 149

PERSÉCUTION D'ISDEGERDÈS ET DE VARARANNE

Martyre du glorieux et bienheureux Maharsapor. 153

Martyre de saint Jacques l'intercis. 156

MARTYRS DES PERSÉCUTIONS ROMAINES

Martyre de saint Lucien et de saint Marcien. 169

Martyre des saints Victorin, Victor, Nicéphore, Claudien, Diodore, Sérapion et Papias. 173

Martyre de sainte Stratonice et de Séleucus, son époux, à Cyzique, en Mysie 177

Actes de sept martyrs de Samosate, Hipparque, Philothée, Jacques, Paragrus, Habibe, Romain et Lollien. 191

Martyre de sainte Agnès, à Rome. 206

LES SAINTS MARTYRS DE PALESTINE

Martyre de saint Procope. 211
Martyre des saints Alphée, Zachée et Romain. 213
Martyre de saint Timothée, à Gaza. 216
Martyre de saint Appien, à Césarée. 218
Martyre de saint Édésius, frère du saint martyr Appien. 223
Martyre de saint Agapius. 225
Martyre de saint Pierre, aussi appelé Abselamus, à Césarée. 227
Martyre de sainte Théodosie, vierge consacrée à Dieu. 229
Martyre de sainte Théodote, la courtisane. 231

www.ingramcontent.com/pod-product-compliance
Lightning Source LLC
Chambersburg PA
CBHW071909160426
43198CB00011B/1228